SE 07

Curso
MAD360

*La diferencia entre aprobar
y sacar plaza*

Administrativo/a

AF212417

COMUNIDAD FORAL DE NAVARRA

Si aún no dispones de tu **Curso MAD360**, te ofrecemos un acceso GRATIS de 30 días para que disfrutes de los siguientes recursos:

- Técnicas de Memoria 360.
- MADTEST: Test *online* Nivel PRO.
- Temario en formato digital.
- Acceso al Curso *online* de psicotécnicos.
- Planificación de estudio.
- Foro entre opositores hasta la fecha del examen.*
- Recursos y novedades exclusivas.
- Consúltanos sobre tu oposición y proceso selectivo.
- Actualizaciones legislativas (Boletines Oficiales) hasta 60 días antes de la fecha del examen.*

Para acceder a esta prueba del Curso MAD360** será necesaria la compra de todos los libros para esta especialidad de la edición 2025.

Regístrate en **mad.es/iniciar-sesion** y en la pestaña BIBLIOTECA valida los códigos que encuentras en la última página de tus libros.

NOTA IMPORTANTE:

* Examen de esta categoría profesional correspondiente a la convocatoria publicada en el BON núm. 101, de 22 de mayo de 2025, o hasta el 31 de julio de 2026, lo que se cumpla antes, y previa renovación del servicio.

** El acceso al CURSO MAD360 estará disponible desde julio de 2025 (algunos recursos podrían estar disponibles en fecha posterior). Tendrá una duración de 30 días RENOVABLES mediante pago, desde la validación de códigos, o hasta el 31 de enero de 2027, lo que se cumpla antes.

MAD se reserva el derecho a ampliar dichas fechas.

Administrativo/a de la Administración de la Comunidad Foral de Navarra

Junio 2025

Administrativo/a de la Administración de la Comunidad Foral de Navarra

Test del temario

Autores

ÁLVAR MUÑOZ LABIANO
Licenciado en Derecho

JOSÉ ANTONIO GUERRERO ARROYO
Cuerpo Superior de Letrados
Cuerpo Superior Jurídico de la Junta de Comunidades de Castilla-La Mancha

TERESA MARÍA TORRES FONSECA
Licenciada en Derecho

PATRICIA PÉREZ SÁNCHEZ-ROMATE
Licenciada en Derecho

CARLOS TOJEIRO ALCALÁ
Ingeniero Informático
Titulado MCP de Microsoft

© 7 Editores Recursos para la Cualificación Profesional y el Empleo, S.L. (7 Editores)
© Los autores
Primera edición, junio 2025 (318 páginas)
Derechos de edición reservados a favor de 7 Editores
IMPRESO EN ESPAÑA
Diseño Portada: 7 Editores
Edita: 7 Editores
Avda. San Francisco Javier, 9 · Edificio Sevilla 2 · Planta 11 · Módulos 25-27 · 41018 Sevilla
Teléfono: 954 784 411 · WEB: www.mad.es · e-mail: administracion@7editores.com
ISBN: 978-84-142-9704-9
© "Editorial Mad" y "Eduforma" son nombres comerciales registrados de
7 Editores Recursos para la Cualificación Profesional y el Empleo, S.L.

Índice

Parte III. Informática

Actividad administrativa

Derechos de las personas en sus relaciones con la Administración Pública Foral. Derecho a la información. Tipos de información. Participación de la ciudadanía en la Administración. Quejas y sugerencias

1. La Ley Foral de derechos y deberes de las personas en materia de salud en la Comunidad Foral de Navarra es la:

a) Ley Foral 14/2008, de 2 de julio.
b) Ley Foral 17/2010, de 8 de noviembre.
c) Ley Foral 10/1990, de 23 de noviembre.
d) Ley Foral 2/2000, de 25 de mayo.

2. La Ley Foral 17/2010, de 8 de noviembre, es de aplicación:

a) A todos los centros, servicios o establecimientos sanitarios ubicados en la Comunidad Foral de Navarra.
b) A los profesionales al servicio de todos los centros, servicios o establecimientos sanitarios ubicados en la Comunidad Foral de Navarra.
c) A toda actuación sanitaria, sea promotora de la salud, preventiva, asistencial o de investigación científica relacionada con la salud, que se desarrolle en Navarra.
d) Únicamente a las personas que residan legalmente en los municipios de la Comunidad Foral de Navarra.

3. Es falso decir que la persona usuaria del sistema sanitario público de la Comunidad Foral de Navarra, de conformidad con lo dispuesto en la Ley Foral 17/2010 y en las normas que la desarrollen, tiene reconocido en materia de asistencia sanitaria el derecho general:

a) A una atención sanitaria integral y continuada entre los distintos niveles asistenciales, de conformidad con la Cartera de Servicios Sanitarios de Navarra.
b) A obtener información adecuada y comprensible sobre los servicios sanitarios a los que pueden acceder y sobre los requisitos necesarios para su uso.

c) A la libre elección de facultativo y centro, conforme a lo previsto en dicha Ley Foral y en la reglamentación vigente en cada momento.

d) A ser advertida de que todos procedimientos de pronóstico, diagnóstico y terapéuticos que se le apliquen podrán ser utilizados en función de un proyecto docente o de investigación.

4. Es falso decir que los ciudadanos que utilicen los centros y servicios de la red sanitaria pública de la Comunidad Foral de Navarra:

a) Tienen derecho a formular las sugerencias, quejas y reclamaciones que estimen oportunas, en relación con la atención recibida.

b) Tienen derecho a recibir respuesta razonada en un plazo no superior a 30 días naturales desde la presentación de una queja o reclamación en relación con la atención recibida.

c) Tienen derecho a disponer de hojas de reclamaciones y sugerencias.

d) Tienen la obligación de identificarse en la presentación de quejas y sugerencias en relación con el funcionamiento de los servicios de atención a la salud en el ámbito del Servicio Navarro de Salud-Osasunbidea.

5. Los procedimientos para la atención o respuesta de sugerencias, reclamaciones y quejas relativas a la actividad o al funcionamiento de los servicios públicos de la Administración Pública Foral:

a) No contemplarán necesariamente su contestación.

b) Contemplarán una contestación exprés.

c) Contemplarán una contestación expresa y motivada.

d) Contemplarán una contestación razonable.

6. Es cierto, en relación a las quejas formuladas conforme a lo previsto en Ley Foral 21/2005, que:

a) Tendrán, en algún caso, la calificación de recurso administrativo.

b) Su presentación interrumpirá los plazos establecidos en la normativa vigente.

c) No condicionarán, en modo alguno, el ejercicio de las restantes acciones o derechos que, de conformidad con la normativa reguladora de cada procedimiento, puedan ejercer aquellos que se consideren interesados en el procedimiento.

d) Las respuestas a) y c) son ciertas.

7. Es falso decir que se reconocen con respecto a la participación, en los términos y alcance establecidos en la Ley Foral 12/2019 y en el Reglamento del Parlamento de Navarra, el derecho a:

a) Promover propuestas legislativas mediante iniciativas legislativas individuales.

b) Participar en las tareas de control del Gobierno de Navarra mediante los cauces de participación previstos en la Ley Foral 12/2019.

c) Participar en la planificación, el seguimiento, la gestión y la evaluación de las políticas públicas, mediante procesos participativos e iniciativas ciudadanas.

d) Recabar la colaboración de las Administraciones Públicas en actividades ciudadanas relacionadas con la participación.

8. Es falso decir que, a los efectos de la Ley Foral 11/2019, tienen la consideración de Administración Pública Foral:

a) La Administración de la Comunidad Foral de Navarra.

b) Los organismos públicos vinculados o dependientes de la Administración de la Comunidad Foral de Navarra.

c) Las entidades de derecho público vinculadas o dependientes de la Administración de la Comunidad Foral de Navarra.

d) La Administración del Estado en Navarra.

9. Conforme a la Ley Foral 11/2019, el "derecho a la buena administración" es aquel por el que:

a) Las personas tienen derecho al acceso igualitario a los servicios públicos, así como a un trato personalizado y adecuado.

b) Cualquier persona que establezca una relación con la Administración Pública Foral tiene derecho a ser atendido con cortesía, diligencia y confidencialidad.

c) Cualquier persona tiene el derecho de petición ante la Administración Pública Foral

d) Toda persona tiene derecho a que los órganos integrantes de la Administración Pública Foral traten sus asuntos imparcial y equitativamente y dentro de un plazo razonable.

10. Es falso decir que las personas en sus relaciones con la Administración Pública Foral ostentan el siguiente derecho:

a) A la protección de la buena fe y la confianza legítima.

b) Al acceso a los servicios públicos.

c) De petición.

d) A usar cualquier idioma.

11. Las disposiciones de la Ley Foral 5/2018 serán de aplicación a:

a) La Administración de la Comunidad Foral de Navarra.

b) Los organismos públicos vinculados o dependientes de la Administración de la Comunidad Foral de Navarra.

c) Las sociedades públicas, las fundaciones públicas y las entidades de Derecho público vinculadas a la Administración de la Comunidad Foral de Navarra.

d) Las tres respuestas anteriores son ciertas.

12. Según la Ley Foral 5/2018, para el ejercicio del derecho de acceso a la información pública, cuyo acceso no esté limitado legalmente:

a) Será necesario motivar una solicitud.
b) Será necesario invocar dicha Ley Foral.
c) Será necesaria una solicitud previa.
d) Será necesario acreditar algún interés.

13. Conforme a la Ley 5/2018, "Aquella información, cualquiera que sea su soporte y forma de expresión, generada por las Administraciones Públicas a las que se refiere esta ley foral o que estas posean", es la definición de:

a) "Información protegida".
b) "Información privada".
c) "Información reservada".
d) "Información pública".

14. Es falso decir, en relación a la aplicación de las limitaciones al derecho de acceso a la información pública establecidas en la Ley 5/2018, que:

a) Deberá ser proporcionada atendiendo a su objeto y su finalidad de protección.
b) Deberán interpretarse de manera amplia.
c) Atenderá a las circunstancias del caso concreto, especialmente a la concurrencia de un interés público superior que justifique la divulgación de la información.
d) Deberán interpretarse de manera justificada.

15. Es falso decir, según la Ley 12/2019, que sea obligación de las Administraciones Públicas de Navarra con respecto a la participación:

a) Tener presencia y divulgar la participación en los espacios digitales minoritarios.
b) Garantizar que el personal a su servicio conozca y facilite el ejercicio de los derechos de participación reconocidos en dicha Ley Foral.
c) Adoptar las medidas de acción positiva necesarias para garantizar que todas las personas accedan en igualdad de condiciones al ejercicio de su derecho de participación ciudadana.
d) Fomentar e incentivar una cultura participativa tanto en la sociedad como entre el personal a su cargo.

16. De acuerdo con la Ley Foral 31/2022, de atención a las personas con discapacidad en Navarra y garantía de sus derechos, no requiere adaptación terminológica en la normativa foral, la expresión:

a) "Discapacitados".
b) "Minusválidos".
c) "Disminuidos".
d) "Personas con discapacidad".

17. ¿Quiénes son los titulares del derecho a la información de salud cuando los pacientes sean personas con discapacidad que precisen de apoyos para el ejercicio de su capacidad?

a) Las personas tutoras, en todo caso.
b) Las personas previstas en las medidas de apoyo, en todo caso.
c) Las personas vinculadas a ellas por razones familiares o de hecho.
d) Las propias personas, en un lenguaje adecuado que permita la comprensión de la misma o, en su caso, las personas previstas en las medidas de apoyo que estuvieran establecidas.

18. Las Administraciones Públicas de Navarra deberán facilitar a las personas con discapacidad el acceso a la información, garantizando que los textos de interés público y formularios de utilización frecuente se ofrezcan en:

a) Formato de lectura fácil.
b) Sistema braille o lengua de signos.
c) Letra ampliada o sistemas alternativos que se desarrollen por los avances tecnológicos.
d) Las tres opciones anteriores son ciertas.

19. A los efectos del Decreto Foral 54/2010, de 6 de septiembre, la información puede ser:

a) Pública o privada.
b) General, particular y especializada.
c) Pública, protegida y especialmente protegida.
d) Pública o reservada.

20. Es falso decir, en relación con la Ley Foral 5/2018, de 17 de mayo:

a) Que su título I sea "Disposiciones generales".
b) Que su título II sea la Transparencia.
c) Que el título III regule el derecho de acceso a la información pública.
d) Que el título IV regule el Consejo de Transparencia de Navarra.

Solución al test n.º 1

1. b) Ley Foral 17/2010, de 8 de noviembre.

2. c) A toda actuación sanitaria, sea promotora de la salud, preventiva, asistencial o de investigación científica relacionada con la salud, que se desarrolle en Navarra.

3. d) A ser advertida de que todos procedimientos de pronóstico, diagnóstico y terapéuticos que se le apliquen podrán ser utilizados en función de un proyecto docente o de investigación.

4. b) Tienen derecho a recibir respuesta razonada en un plazo no superior a 30 días naturales desde la presentación de una queja o reclamación en relación con la atención recibida.

5. c) Contemplarán una contestación expresa y motivada.

6. c) No condicionarán, en modo alguno, el ejercicio de las restantes acciones o derechos que, de conformidad con la normativa reguladora de cada procedimiento, puedan ejercer aquellos que se consideren interesados en el procedimiento.

7. a) Promover propuestas legislativas mediante iniciativas legislativas individuales.

8. d) La Administración del Estado en Navarra.

9. d) Toda persona tiene derecho a que los órganos integrantes de la Administración Pública Foral traten sus asuntos imparcial y equitativamente y dentro de un plazo razonable.

10. d) A usar cualquier idioma oficial.

11. d) Las tres respuestas anteriores son ciertas.

12. c) Será necesaria una solicitud previa.

13. d) "Información pública".

14. b) Deberán interpretarse de manera amplia.

15. a) Tener presencia y divulgar la participación en los espacios digitales minoritarios.

16. d) "Personas con discapacidad".

17. d) Las propias personas, en un lenguaje adecuado que permita la comprensión de la misma o, en su caso, las personas previstas en las medidas de apoyo que estuvieran establecidas.

18. d) Las tres opciones anteriores son ciertas.

19. b) General, particular y especializada.

20. d) Que el título IV regule el Consejo de Transparencia de Navarra.

TEST N.º 2

Principios de protección de datos y seguridad de la información. La comunicación oral y telefónica: normas, medios y confidencialidad; finalidad, uso y limitaciones. La comunicación escrita: normas, medios y clases. La carta: contenido, estructura y modelos

1. Los principios básicos y requisitos mínimos requeridos para una protección adecuada de la información constituyen:

a) El Esquema Nacional de Seguridad.
b) El Esquema Nacional de Interoperabilidad.
c) La estrategia TIC.
d) El Plan de Transformación digital de la Administración General del Estado.

2. La letra [C] señala, en relación con la seguridad de la información o de los sistemas, una dimensión de seguridad de:

a) Cualificación.
b) Confidencialidad.
c) Capacitación.
d) Certificación.

3. Un incidente de seguridad que afecte a alguna de las dimensiones de seguridad supone un perjuicio muy grave sobre las funciones de la organización, sobre sus activos o sobre los individuos afectados, cuando:

a) Reduzca de forma apreciable la capacidad de la organización para atender eficazmente sus funciones y competencias, aunque estas sigan desempeñándose.
b) Cause un daño significativo en los activos de la organización.
c) Cause un perjuicio significativo a algún individuo, de difícil reparación.
d) Anule efectivamente la capacidad de la organización para desarrollar eficazmente sus funciones y competencias.

4. ¿Cuál es la norma por el que se aprueba la política de protección de datos y seguridad de la información de la Administración de la Comunidad Foral de Navarra y sus organismos autónomos?

a) Decreto Foral 19/2020, de 6 de marzo.
b) Decreto Foral 20/2019, de 6 de marzo.
c) Decreto Foral 3/2018, de 23 de enero.
d) Decreto Foral 2/2020, de 6 de marzo.

5. La Administración de la Comunidad Foral de Navarra y sus organismos públicos tratarán la información y los datos personales conforme a unos principios de protección de datos y seguridad de la información. ¿en virtud de qué principio solo se tratarán los datos personales de manera compatible con los fines determinados?

a) Licitud, lealtad y transparencia.
b) Legitimación de la finalidad.
c) Minimización de datos.
d) Limitación de la finalidad.

6. En los sistemas de información responsabilidad de la Administración de la Comunidad Foral de Navarra y sus organismos públicos, la persona que informa y asesora al responsable del tratamiento de las obligaciones en materia de cumplimiento del RGPD es:

a) La/el delegada/o de protección de datos.
b) La/el responsable del tratamiento.
c) La/el encargada/o del tratamiento.
d) La/el responsable del sistema.

7. El conjunto de actividades coordinadas que se desarrollan para identificar los riesgos y el impacto o consecuencias sobre un activo, cuando una amenaza se materializa y puede afectar al tratamiento de los datos o de la información debido a la existencia de una debilidad o vulnerabilidad del sistema, tanto de protección de datos como de gestión de la información, se denomina:

a) Gestión de los incidentes de seguridad.
b) Proceso de verificación.
c) Gestión de riesgos.
d) Gestión de la continuidad.

8. La estructura organizativa para la gestión de la seguridad de la información en el ámbito de la política de protección de datos y seguridad de la información de la Administración de la Comunidad Foral de Navarra y sus organismos públicos está compuesta por diversos agentes. La condición de responsable del tratamiento y la información recae sobre:

a) Los Directores Generales.
b) La/el Consejera/o de cada Departamento del Gobierno de Navarra o Gerente de cada organismo público.

c) El jefe del Servicio.

d) La/el delegada/o de protección de datos.

9. La persona que determina los requisitos de seguridad de los servicios prestados a partir de la información y los niveles de seguridad del mismo, pudiendo recabar para ello la propuesta del responsable de seguridad y la opinión del responsable del sistema, es:

a) El responsable del servicio.

b) El responsable de seguridad de la información.

c) El responsable del sistema.

d) La/el delegada/o de protección de datos.

10. Desarrollar, operar y mantener el sistema de información durante todo su ciclo de vida, de sus especificaciones, instalación y verificación de su correcto funcionamiento es responsabilidad de:

a) El responsable del servicio.

b) El responsable de seguridad de la información.

c) El responsable del sistema.

d) La/el delegada/o de protección de datos.

11. Señala la respuesta incorrecta. Conforme al artículo 37 del Reglamento General de Protección de Datos, el responsable y el encargado del tratamiento designarán un delegado de protección de datos siempre que:

a) El tratamiento lo lleve a cabo una autoridad u organismo público, excepto los tribunales que actúen en ejercicio de su función judicial.

b) Las actividades principales del responsable o del encargado consistan en operaciones de tratamiento que requieran una observación habitual y sistemática de interesados a gran escala.

c) Las actividades principales del responsable o del encargado consistan en el tratamiento a gran escala de datos sensibles.

d) El responsable o el encargado estén inhabilitados para dar cumplimiento a la normativa de protección de datos en las organizaciones.

12. El Comité de Protección de Datos y Seguridad de la Información está compuesto por los siguientes miembros, excepto uno. Indica cuál:

a) La Directora o el Director General que ejerza las competencias en materia de Presidencia.

b) Los responsables de seguridad de la información de los diferentes Departamentos, Direcciones Generales u organismos públicos.

c) La Directora o el Director General que ejerza las competencias en materia de informática y telecomunicaciones.

d) El responsable del servicio, que actuará como secretaria o secretario y participará con voz, pero sin voto, en las reuniones del Comité de Protección de Datos y Seguridad de la Información.

13. En el Comité de Protección de Datos y Seguridad de la Información, ¿qué miembro ostentará la presidencia del Comité?

a) La Directora o el Director General que ejerza las competencias en materia de Presidencia.

b) Los responsables de seguridad de la información de los diferentes Departamentos, Direcciones Generales u organismos públicos.

c) La Directora o el Director General que ejerza las competencias en materia de informática y telecomunicaciones.

d) La delegada o el delegado de protección de datos.

14. La función de ofrecer el asesoramiento que se le solicite acerca de la evaluación del impacto relativa a la protección de datos y supervisar su aplicación de conformidad con el artículo 35 RGPD es de:

a) El responsable del servicio.

b) El responsable de seguridad de la información.

c) El responsable del sistema.

d) La/el delegada/o de protección de datos.

15. El Comité de Protección de Datos y Seguridad de la Información estará adscrito a:

a) La Vicepresidencia de Desarrollo Económico.

b) El Departamento de Hacienda y Políticas Financieras.

c) El Departamento de Presidencia, Función Pública, Interior y Justicia.

d) El Departamento de Relaciones Ciudadanas e Institucionales.

16. Será responsable del sistema:

a) La persona titular de la Dirección General de Informática, Telecomunicaciones e Innovación Pública.

b) La Consejera o Consejero de cada Departamento.

c) El Gerente de cada organismo público

d) La/el delegada/o de protección de datos.

17. La función de informar y asesorar al responsable o al encargado del tratamiento y a los empleados que se ocupen del tratamiento de las obligaciones que les incumben en virtud del presente Reglamento y de otras disposiciones de protección de datos de la Unión o de los Estados miembros recae sobre:

a) El responsable del servicio.

b) El responsable de seguridad de la información.

c) El responsable del sistema.

d) La/el delegada/o de protección de datos.

18. El Comité de Protección de Datos y Seguridad de la Información se reunirá al menos con carácter:

a) Mensual.
b) Trimestral.
c) Semestral.
d) Anual.

19. ¿Qué caracteriza a la comunicación informal en una empresa?

a) Surge de manera espontánea y flexible entre los empleados.
b) Se utiliza exclusivamente para transmitir órdenes y políticas de la empresa.
c) Sigue un sistema formal establecido y respeta los niveles jerárquicos.
d) Solo aborda temas relacionados con el trabajo, excluyendo otros intereses.

20. ¿Cuál es el propósito principal de la comunicación persuasiva?

a) Motivar al receptor a actuar de una manera específica.
b) Influir en las ideas del receptor únicamente a través de la lógica.
c) Transmitir datos y conocimientos de forma clara y objetiva.
d) Captar la atención del receptor y generar placer o diversión.

21. ¿Cuál de las siguientes es una barrera de la comunicación que está relacionada con diferencias en valores, creencias o normas sociales?

a) Barreras físicas.
b) Barreras psicológicas.
c) Barreras culturales.
d) Barreras tecnológicas.

22. ¿Cuál de las siguientes técnicas contribuye a verificar que el receptor ha entendido correctamente el mensaje?

a) Escucha activa.
b) Claridad y precisión.
c) Uso de términos técnicos.
d) Retroalimentación.

23. ¿Cuál de los siguientes estilos de comunicación se caracteriza por la imposición de opiniones sin tener en cuenta los sentimientos de los demás?

a) Estilo de comunicación pasiva.
b) Estilo de comunicación agresiva.
c) Estilo de comunicación pasivo-agresiva.
d) Estilo de comunicación asertiva.

24. ¿Qué se recomienda para desarrollar una comunicación asertiva exitosa?

a) Hablar de manera tajante para ser escuchado.
b) Evitar escuchar al interlocutor para centrarse solo en las ideas propias.
c) No dar retroalimentación para evitar conflictos.
d) Escuchar activamente y practicar la empatía.

25. El ruido en la comunicación indica:

a) El ruido de la calle y del ambiente.
b) Lo que impide de cualquier forma una comunicación correcta.
c) Los altavoces de vendedores ambulantes.
d) La interferencia de los electrodomésticos.

26. El lenguaje oral, si lo comparamos con el escrito:

a) Es más vivaz.
b) Es más preciso.
c) Es más abstracto.
d) Es más de la calle.

27. El ciudadano, de cara a la Administración es, ante todo:

a) Un «administrado».
b) Un pagador de impuestos.
c) Un ciudadano que necesita de información.
d) Una persona.

28. Señala la respuesta incorrecta. La escucha física es una técnica que:

a) Utiliza el lenguaje verbal.
b) Permite tranquilizar y relajar el ánimo del cliente.
c) Refleja la actitud de estar al servicio del cliente.
d) Transmite interés por el problema.

29. Señala la respuesta incorrecta. Entre las características del lenguaje hablado, se pueden señalar las siguientes:

a) Su finalidad literaria.
b) Su uso utilitario.
c) Su intención comunicativa.
d) Su expresión oral.

30. ¿Cómo se llama la información adicional e involuntaria no incluida en los sonidos de las palabras que pronunciamos?

a) Metalenguaje.
b) Paráfrasis.
c) Saturación.
d) Paralenguaje.

Solución al test n.º 2

1. a) El Esquema Nacional de Seguridad.

2. b) Confidencialidad.

3. d) Anule efectivamente la capacidad de la organización para desarrollar eficazmente sus funciones y competencias.

4. b) Decreto Foral 20/2019, de 6 de marzo.

5. d) Limitación de la finalidad.

6. a) La/el delegada/o de protección de datos.

7. c) Gestión de riesgos.

8. b) La/el Consejera/o de cada Departamento del Gobierno de Navarra o Gerente de cada organismo público.

9. a) El responsable del servicio.

10. c) El responsable del sistema.

11. d) El responsable o el encargado estén inhabilitados para dar cumplimiento a la normativa de protección de datos en las organizaciones.

12. d) El responsable del servicio, que actuará como secretaria o secretario y participará con voz, pero sin voto, en las reuniones del Comité de Protección de Datos y Seguridad de la Información.

13. a) La Directora o el Director General que ejerza las competencias en materia de Presidencia.

14. d) La/el delegada/o de protección de datos.

15. c) El Departamento de Presidencia, Función Pública, Interior y Justicia.

16. a) La persona titular de la Dirección General de Informática, Telecomunicaciones e Innovación Pública.

17. d) La/el delegada/o de protección de datos.

18. c) Semestral.

19. a) Surge de manera espontánea y flexible entre los empleados.

20. a) Motivar al receptor a actuar de una manera específica.

21. c) Barreras culturales.

22. d) Retroalimentación.

23. b) Estilo de comunicación agresiva.

24. d) Escuchar activamente y practicar la empatía.

25. b) Lo que impide de cualquier forma una comunicación correcta.

26. a) Es más vivaz.

27. d) Una persona.

28. a) Utiliza el lenguaje verbal.

29. a) Su finalidad literaria.

30. d) Paralenguaje.

TEST N.º 3

Funcionamiento electrónico de la Administración Pública Foral. Obligaciones de la Administración Pública Foral en la tramitación electrónica

1. ¿Cuál es el sitio web de acceso electrónico a toda la Administración Pública Foral?

a) El Punto de Acceso General Electrónico de la Administración Pública Foral.
b) El Portal Web del Gobierno de Navarra.
c) El del Boletín Oficial de Navarra.
d) https://administracion.gob.na

2. ¿En qué lenguas estará disponible el Portal Web del Gobierno de Navarra?

a) En castellano y euskera.
b) En castellano, euskera y francés.
c) En castellano, euskera, francés e inglés.
d) En castellano, euskera e inglés.

3. Es falso decir, en relación al Portal Web del Gobierno de Navarra, que:

a) Estará bajo la responsabilidad y gestión técnicas del Departamento o Departamentos competentes en las materias de organización administrativa y de sistemas de información.
b) Tendrá un acceso diversificado.
c) Se diseñará de modo que resulte accesible a todas las personas, especialmente para las personas con discapacidad.
d) Las informaciones de carácter general que se contengan en el mismo deberán incorporar su fecha o la fecha de su última actualización.

4. Se define como "aquella dirección electrónica disponible para la ciudadanía a través de redes de telecomunicaciones, cuya titularidad corresponde a la Administración Pública Foral":

a) La sede electrónica.
b) El Portal de Contratación de Navarra.

c) El Registro Electrónico de Apoderamientos.
d) El Registro General Electrónico.

5. Según la Ley Foral 11/2019, en el Portal Web del Gobierno de Navarra la ciudadanía podrá acceder:

a) Al Boletín Oficial del Estado.
b) A todas las disposiciones legales y reglamentarias, debidamente actualizadas, emanadas de la Comunidad Foral de Navarra.
c) La estructura organizativa de la Administración de la Comunidad Foral de Navarra y del Sector Privado de Navarra.
d) El acceso al buzón de sugerencias, reclamaciones y quejas.

6. En la estructura de la Administración Pública Foral a la que podrá acceder la ciudadanía en el Portal Web del Gobierno de Navarra, se identificará a las personas responsables hasta el nivel de:

a) Negociado, o equivalente, con una dirección de correo electrónico.
b) Sección, o equivalente, con un teléfono.
c) Servicio, o equivalente, con un teléfono y una dirección de correo electrónico.
d) Dirección General, con una dirección de correo electrónico.

7. Según la Ley Foral 11/2019, el periodo mínimo de conservación de los documentos electrónicos que formen parte de un expediente administrativo:

a) Se determinará de conformidad con la normativa foral en materia de patrimonio cultural y de archivos y documentos.
b) Será de 4 años.
c) Será de 10 años.
d) Será de 15 años.

8. Según la Ley Foral 11/2019 y en relación al Punto de Acceso General Electrónico, en el área personalizada de las personas, las que tengan la condición de interesadas en un procedimiento administrativo podrán, cuando se relacionen a través de medios electrónicos, en cualquier momento:

a) Seguir sus tramitaciones administrativas.
b) Acceder, con plenos efectos jurídicos, a sus comunicaciones y notificaciones efectuadas, incluyendo las rechazadas y caducadas.
c) Proporcionar el acceso a los datos que obran en poder de la Administración, sin perjuicio del carácter reservado de determinados datos.
d) Las tres respuestas anteriores son ciertas.

9. El área personalizada del Punto de Acceso General Electrónico se denomina:

a) Carpeta ciudadana.
b) Archivo ciudadano.

c) Sede electrónica.

d) Carpeta personal.

10. La Administración Pública Foral dispondrá de un Registro de Funcionarios Habilitados, u otro sistema equivalente, el cual:

a) Será plenamente interoperable e interconectado con los registros de Funcionarios Habilitados del resto de las Administraciones Públicas.

b) Se regirá por lo dispuesto en la legislación básica foral.

c) En él se inscribirán todas las personas que presten servicios en la Administración Pública Foral.

d) Las respuestas a) y b) son ciertas.

11. ¿En qué legislación se regula el funcionamiento electrónico de la Administración Pública Foral?

a) En la Ley Foral 11/2019, de 11 de marzo.

b) En la Ley Foral 12/2019, de 22 de marzo.

c) En la Ley Foral 17/2010, de 8 de noviembre.

d) En la Ley Foral 5/2018, de 17 de mayo.

12. Las relaciones de la Administración de la Comunidad Foral de Navarra y del Sector Público Institucional Foral con los ciudadanos y ciudadanas y con las empresas son las denominadas:

a) Relaciones *apud acta*.

b) Relaciones *ad intra*.

c) Relaciones *ad extra*.

d) Relaciones civiles.

13. ¿Cuál de las siguientes frases es falsa?

a) Los sistemas de firma electrónica aprobados en el ámbito de la Administración Pública Foral podrán imponerse a otras Administraciones Públicas.

b) El principio básico que justifica la existencia de la propia Administración y que debe presidir toda su actividad es el servicio a los ciudadanos.

c) En el entorno actual, la tramitación electrónica no puede ser todavía una forma especial de gestión de los procedimientos sino que debe constituir la actuación habitual de las Administraciones.

d) Uno de los objetivos esenciales de la Ley Foral 11/2019 es la implantación de una administración electrónica generalizada y la aplicación de las nuevas tecnologías al procedimiento administrativo.

14. La Ley Foral 11/2019 tiene previsiones relativas al:

a) Registro General Electrónico.

b) Punto de Acceso General Electrónico de la Administración.

c) Archivo Único Electrónico.

d) Las tres opciones anteriores son ciertas.

15. Ley Foral de atención a las personas con discapacidad en Navarra y garantía de sus derechos es:

a) La 11/2019, de 22 de marzo.

b) La 5/2018, de 17 de mayo.

c) La 31/2022, de 28 de noviembre.

d) La 18/2021, de 29 de diciembre.

16. En el Portal Web del Gobierno de Navarra la ciudadanía podrá acceder a:

a) Los Presupuestos Generales de Navarra y las Cuentas Generales de Navarra aprobados por el Parlamento de Navarra.

b) El Registro de Planeamiento Urbanístico a que hace referencia la legislación sobre ordenación del territorio y urbanismo.

c) El directorio de aplicaciones que la Administración Pública Foral deberá mantener actualizado para su libre reutilización.

d) Las tres opciones anteriores son ciertas.

17. Las sedes electrónicas en la Administración Pública Foral, según la Ley Foral 11/2019, utilizarán para identificarse y garantizar una comunicación segura con las mismas:

a) Certificados reconocidos de autenticación de sitio web o medio equivalente.

b) Certificados cualificados de firma electrónica.

c) Certificados reconocidos de firma electrónica.

d) Las opciones a) y b) son ciertas.

18. De acuerdo con la Ley Foral 11/2019, el establecimiento del sello electrónico, a través del cual la Administración Pública Foral podrá identificarse, se llevará a cabo mediante:

a) Decreto Foral.

b) Orden foral de la persona titular del Departamento competente en materia de administración electrónica.

c) Orden foral de la persona titular del Departamento competente en materia de cultura.

d) Orden foral de la persona titular del Departamento competente en materia de economía.

19. Para garantizar la autenticidad de las actuaciones administrativas de la Administración Pública Foral, conforme a la Ley Foral 11/2019, se podrá/n utilizar:

a) El sistema de sello electrónico.

b) Sistemas de códigos seguros de verificación.

c) El sistema de verificación de apoderamientos.
d) Las opciones a) y b) son ciertas.

20. ¿En qué norma se regulan las obligaciones de la Administración Pública Foral en la tramitación electrónica?

a) En la Ley Foral 11/2019.
b) En la Ley Foral 13/2023.
c) En la Ley Foral 21/2005.
d) Las tres opciones anteriores son ciertas.

Solución al test n.º 3

1. b) El Portal Web del Gobierno de Navarra.

2. a) En castellano y euskera.

3. b) Tendrá un acceso diversificado.

4. a) La sede electrónica.

5. d) El acceso al buzón de sugerencias, reclamaciones y quejas.

6. a) Negociado, o equivalente, con una dirección de correo electrónico.

7. a) Se determinará de conformidad con la normativa foral en materia de patrimonio cultural y de archivos y documentos.

8. d) Las tres respuestas anteriores son ciertas.

9. a) Carpeta ciudadana.

10. a) Será plenamente interoperable e interconectado con los registros de Funcionarios Habilitados del resto de las Administraciones Públicas.

11. a) En la Ley Foral 11/2019, de 11 de marzo.

12. c) Relaciones ad extra.

13. a) Los sistemas de firma electrónica aprobados en el ámbito de la Administración Pública Foral podrán imponerse a otras Administraciones Públicas.

14. d) Las tres opciones anteriores son ciertas.

15. c) La 31/2022, de 28 de noviembre.

16. d) Las tres opciones anteriores son ciertas.

17. a) Certificados reconocidos de autenticación de sitio web o medio equivalente.

18. b) Orden foral de la persona titular del Departamento competente en materia de administración electrónica.

19. d) Las opciones a) y b) son ciertas.

20. a) En la Ley Foral 11/2019.

TEST N.º 4

Registros, archivo de la información y documentación. Sistemas de ordenación y clasificación documental. Conservación, acceso, seguridad y confidencialidad de la información y documentación. Los archivos: conceptos, tipos y normas prácticas de utilización. El control del archivo

1. ¿Cuál de las siguientes es la Ley Foral de Archivos y Documentos?

a) Ley 12/2007, de 4 de abril.
b) Ley 4/2007, de 12 de diciembre.
c) Ley 12/2004, de 7 de julio.
d) Ley 7/2012, de 12 de abril.

2. En el registro, aquellos documentos e información cuyo régimen especial establezca otra forma de presentación:

a) No se tendrán por presentados.
b) Se tendrán por presentados pero no producirán efectos.
c) Solo se admitirán en procedimientos iniciados de oficio.
d) Deberán ser devueltos a los interesados.

3. El registro electrónico de las Administraciones Públicas permitirá la presentación de documentos:

a) Los días hábiles en horario laboral.
b) Todos los días del año, en horario laboral.
c) Los días hábiles, durante las veinticuatro horas.
d) Todos los días del año durante las veinticuatro horas.

4. Se define como aquel organismo o institución desde el que se desarrollan específicamente funciones de organización, tutela, gestión, descripción, conservación y difusión de documentos y fondos documentales, al servicio de su utilización para la gestión administrativa, información e investigación:

a) El registro.
b) El expediente.

c) El archivo.
d) El catálogo.

5. Las normas de clasificación que permiten ordenar un archivo deben cumplir el siguiente requisito:

a) Complejidad.
b) Rapidez de localización.
c) Espacio.
d) Universalidad.

6. Son unas cajas de cartón fuerte o plastificado que van provistos de unas anillas para sujetar los documentos:

a) Archivadores tipo Z.
b) Bucks.
c) Guías.
d) Fichas.

7. Cuando los documentos contengan datos que puedan afectar a la seguridad, al honor, la intimidad o la imagen de las personas, como norma general y salvo que la legislación específica disponga otra cosa, podrán ser objeto de consulta con el consentimiento de los afectados, o cuando hayan transcurrido desde su muerte (si se conoce esta fecha):

a) 25 años.
b) 30 años.
c) 40 años.
d) 50 años.

8. Es una función del Archivo de Oficina o de Gestión:

a) Establecer y valorar las estrategias que se pueden aplicar para la conservación a medio plazo de los documentos y ficheros electrónicos recibidos.
b) Justificar las actuaciones y actividades de la entidad productora.
c) Llevar a cabo el proceso de identificación de series y elaborar el cuadro de clasificación.
d) Proporcionar al archivo intermedio las descripciones de las fracciones de serie objeto de cada una de las transferencias.

9. El archivo histórico ejerce la siguiente función:

a) Recibir en depósito documentación integrante del Patrimonio Documental de Navarra.
b) Completar las descripciones elaboradas por el Archivo Central de las agrupaciones documentales recibidas, especialmente en lo relativo a los niveles superiores de descripción o macrodescripción, conforme a las normas internacionales y nacionales de descripción archivística.

c) Proporcionar al archivo intermedio las descripciones de las fracciones de serie objeto de cada una de las transferencias.

d) Apoyar la gestión administrativa.

10. Se define como la "unidad documental básica, que presenta unas características estructurales similares, derivada del ejercicio de una misma función y producida por un determinado órgano o unidad en el desarrollo de una competencia concreta que viene regulada por una norma de procedimiento":

a) El cuadro de clasificación.
b) El mapa de procesos.
c) El tipo documental.
d) La valoración documental.

11. No es función del archivo:

a) Recibir.
b) Modificar.
c) Conservar.
d) Servir.

12. La necesidad de custodiar la documentación en las mejores condiciones, se refiere a la función del archivo de:

a) Archivar.
b) Transferir.
c) Egresar.
d) Conservar.

13. La función de servir se concretiza en:

a) El ingreso de documentos.
b) La conservación de documentos.
c) La salida de archivo.
d) Ninguna de las anteriores.

14. No es una función del archivo de gestión:

a) Garantizar la protección de los datos.
b) Eliminar la documentación de apoyo informativo antes de la transferencia al archivo intermedio.
c) Apoyar la gestión administrativa.
d) Llevar a cabo el proceso de identificación de series y elaborar el cuadro de clasificación.

15. Entre los archivos públicos hay que distinguir:

a) Público, concertado y semi-privado.
b) Estatal, autonómico, local, judicial y militar.
c) Locales, territoriales o regionales.
d) Ninguna de las opciones anteriores es correcta.

16. Son los centros responsables de la custodia centralizada de la documentación generada y reunida por todas las unidades en las que se estructura la entidad, una vez agotada su fase activa:

a) Los Archivos de Gestión.
b) Los Archivos Centrales.
c) Los Archivos Intermedios.
d) Los Archivos Históricos.

17. Con el criterio diplomático para la determinación del valor de los documentos de archivo con vistas a su conservación en soporte original o alternativo o a su posible eliminación:

a) Las copias, siempre que se tenga constancia de la conservación de los originales, son susceptibles de eliminación.
b) Se primarán las series documentales producidas por los órganos administrativos en el ejercicio de funciones que les son propias y específicas.
c) Se primarán los documentos y series que contengan información en forma sintética.
d) Los documentos y series documentales cuyo interés y utilización con fines de investigación no justifique el coste de conservación son susceptibles de ser eliminados.

18. No es función del archivo:

a) Recibir.
b) Modificar.
c) Conservar.
d) Servir.

19. Señalar la opción incorrecta. El artículo 15 del Reglamento General de Protección de Datos dispone que el interesado tendrá derecho a obtener del responsable del tratamiento confirmación de si se están tratando o no datos personales que le conciernen y, en tal caso, derecho de acceso a los datos personales y a información sobre la existencia de decisiones automatizadas, incluida la elaboración de perfiles, y, al menos en tales casos, información significativa sobre:

a) Los demás interesados afectados por las decisiones.
b) La lógica aplicada.
c) La importancia del tratamiento.
d) Las consecuencias previstas de dicho tratamiento.

20. En las disposiciones de creación de registros electrónicos no es necesario especificar:

a) Los días declarados como inhábiles.
b) La caducidad del registro.
c) El órgano o unidad responsable de su gestión.
d) La fecha y hora oficial.

21. El proceso tecnológico que permite convertir un documento en soporte papel o en otro soporte no electrónico en un fichero electrónico que contiene la imagen codificada, fiel e íntegra del documento, se conoce en la LPACAP como:

a) Automatización.
b) Fotocopiado.
c) Autenticación.
d) Digitalización.

22. El funcionamiento del registro electrónico:

a) Permitirá la presentación de documentos todos los días hábiles del año durante la jornada laboral de su personal.
b) El inicio del cómputo de los plazos que hayan de cumplir las Administraciones Públicas vendrá determinado por la fecha y hora de presentación en el registro electrónico de cada Administración u Organismo.
c) Los documentos se considerarán presentados por el orden de hora efectiva en el que fueron aceptados por el funcionario habilitado al efecto.
d) El registro electrónico de cualquier Administración u Organismo se regirá a efectos de cómputo de los plazos, por la fecha y hora oficial indicada por el Central European Time.

23. ¿Qué calendario de días inhábiles se aplicará en los registros electrónicos a efectos del cómputo de plazos?

a) El que se publique al efecto en el Boletín Oficial del Estado para todos los registros.
b) El que se publique al efecto en el boletín oficial de la Comunidad Autónoma para todos los registros ubicados en ella.
c) El que determine la sede electrónica del registro de cada Administración Pública u Organismo.
d) El que determine la sede electrónica del ayuntamiento en cuyo municipio se ubique el registro.

24. Es una norma general de los plazos, según la LPACAP:

a) Cuando un día fuese hábil en el municipio o Comunidad Autónoma en que residiese el interesado, e inhábil en la sede del órgano administrativo, o a la inversa, se considerará inhábil en el primer caso pero no en el segundo.
b) Cuando el último día del plazo sea inhábil, se entenderá prorrogado al primer día hábil siguiente.

c) La declaración de un día como hábil o inhábil a efectos de cómputo de plazos determina por sí sola el funcionamiento de los centros de trabajo de las Administraciones Públicas, la organización del tiempo de trabajo y el régimen de jornada y horarios de las mismas.

d) El calendario de días inhábiles a efectos de cómputos de plazos de la Administración General del Estado y de las Administraciones de las Comunidades Autónomas deberá publicarse antes del comienzo de cada año en el Boletín Oficial del Estado.

25. ¿Cuál de los siguientes archivos de la Comunidad Foral tiene la condición de archivo intermedio?

a) El Archivo de la Catedral de Pamplona.
b) El Archivo Real y General de Navarra.
c) El Archivo del Parlamento de Navarra.
d) El Archivo de la Administración.

Solución al test n.º 4

1. a) Ley 12/2007, de 4 de abril.

2. a) No se tendrán por presentados.

3. d) Todos los días del año durante las veinticuatro horas.

4. c) El archivo.

5. b) Rapidez de localización.

6. a) Archivadores tipo Z.

7. a) 25 años.

8. b) Justificar las actuaciones y actividades de la entidad productora.

9. a) Recibir en depósito documentación integrante del Patrimonio Documental de Navarra.

10. c) El tipo documental.

11. b) Modificar.

12. d) Conservar.

13. c) La salida de archivo.

14. d) Llevar a cabo el proceso de identificación de series y elaborar el cuadro de clasificación.

15. b) Estatal, autonómico, local, judicial y militar.

16. c) Los Archivos Intermedios.

17. a) Las copias, siempre que se tenga constancia de la conservación de los originales, son susceptibles de eliminación.

18. b) Modificar.

19. a) Los demás interesados afectados por las decisiones.

20. b) La caducidad del registro.

21. d) Digitalización.

22. b) El inicio del cómputo de los plazos que hayan de cumplir las Administraciones Públicas vendrá determinado por la fecha y hora de presentación en el registro electrónico de cada Administración u Organismo.

23. c) El que determine la sede electrónica del registro de cada Administración Pública u Organismo.

24. b) Cuando el último día del plazo sea inhábil, se entenderá prorrogado al primer día hábil siguiente.

25. d) El Archivo de la Administración.

Documentación administrativa. El oficio, la instancia, el certificado, el acta, resoluciones administrativas, órdenes forales. El expediente administrativo. Validez de las copias realizadas por las administraciones públicas

1. Según la Norma ISO 5127/1-1983 (PNE 50-113/1), se define como "información registrada que puede considerarse como una unidad en un proceso de documentación":

a) El documento.
b) El dato.
c) El asiento.
d) El apunte.

2. Aquella documentación que una unidad administrativa tramita o utiliza habitualmente en sus actividades, se denomina:

a) Documentación de apoyo informativo.
b) Documentación activa.
c) Documentación pasiva.
d) Documentación original.

3. El documento de archivo es:

a) Un ejemplar idéntico a otros como él.
b) Producto de una edición.
c) Único e irrepetible.
d) Copia exacta de un original.

4. Como manifestación o resultado de una actividad concreta, los documentos archivísticos similares forman:

a) Un registro.
b) Una serie.

c) Un archivo.
d) Un expediente.

5. Es una característica del documento de archivo:

a) La subjetividad.
b) La reproducción.
c) La seriación.
d) La uniformidad.

6. ¿Cuál de los siguientes caracteres externos del documento de archivo se define por el procedimiento mediante el cual se transmite lo contenido en el documento?

a) El tipo.
b) El formato.
c) La clase.
d) El soporte.

7. Las diversas maneras de transmisión en el tiempo de un documento es lo que se conoce como:

a) Tradición documental.
b) Soporte original.
c) Formato del documento.
d) Origen funcional.

8. El lugar en que se elabora el documento se denomina:

a) Origen funcional.
b) Data tópica.
c) Clase.
d) Data crónica.

9. ¿En qué edad el documento tiene pleno valor primario?

a) Edad histórica.
b) Edad intermedia.
c) Edad administrativa.
d) Edad archivística.

10. Cuál es la etapa en que la documentación es presentada y queda a disposición de las unidades tramitadoras:

a) Fase de registro.
b) Fase de tramitación.
c) Fase activa.
d) Fase inactiva.

11. El archivo de gestión se relaciona con la edad:

a) Administrativa.
b) Histórica.
c) Archivística.
d) Intermedia.

12. Por su origen, se clasificaría como un documento de tipo secundario:

a) Un catálogo colectivo.
b) Un tesaurus.
c) Una tesis doctoral.
d) Un folleto.

13. Se entiende por documentos públicos administrativos:

a) Las notificaciones y resoluciones de un procedimiento administrativo.
b) Los enviados formalmente a una Administración Pública.
c) Los comunicados de los órganos oficiales.
d) Los válidamente emitidos por las Administraciones Públicas.

14. Para ser considerados válidos, los documentos electrónicos deben contener información de cualquier naturaleza archivada en un soporte electrónico según un formato determinado susceptible de identificación y:

a) Catalogación.
b) Tratamiento diferenciado.
c) Normalización.
d) Firma.

15. No requieren de firma electrónica:

a) Los documentos electrónicos enviados por email.
b) Los documentos electrónicos que se publiquen con carácter meramente informativo.
c) Los documentos electrónicos que formen parte de un expediente administrativo.
d) Los documentos electrónicos en general.

16. La copia auténtica de un original en formato papel:

a) Su obtención será posterior a su presentación electrónica.
b) Será emitida por cualquier órgano de las Administraciones Públicas siempre que quede garantizada la identidad del órgano que ha realizado la copia y su contenido.
c) Tiene la misma validez y eficacia que el documento original.
d) No podrá realizarse mediante actuación administrativa automatizada.

17. Es un documento de decisión:

a) La notificación.
b) El informe.
c) El acuerdo.
d) El oficio.

18. Las actas pueden considerarse documentos administrativos:

a) De transmisión.
b) De decisión.
c) De constancia.
d) De juicio.

19. Cuando decimos que se trata del documento de uso habitual para comunicar contenidos relacionados con la tramitación de un procedimiento administrativo a otros órganos de la Administración –la misma u otra– o bien a las personas interesadas, estamos hablando del o de/la:

a) Instancia.
b) Informe.
c) Certificación.
d) Oficio.

20. Cuando decimos que «es el documento por el que el interesado en un procedimiento administrativo aporta, a los órganos responsables de este, datos o valoraciones de carácter fáctico o jurídico para su consideración», nos referimos a:

a) La reclamación.
b) El recurso.
c) La declaración.
d) La alegación.

21. En los documentos de la Administración de la Comunidad Foral de Navarra, la identificación de la unidad que emite el documento tendrá un máximo de:

a) 2 niveles.
b) 3 niveles.
c) 4 niveles.
d) 5 niveles.

22. Señala la proposición falsa:

a) En los procedimientos tramitados a solicitud del interesado, la resolución será congruente con las peticiones formuladas por éste, sin que en ningún caso pueda agravar su situación inicial y sin perjuicio de la potestad de la Administración de incoar de oficio un nuevo procedimiento, si procede.

b) El certificado es el documento con el que la persona titular de un órgano directivo, un empleado público o una persona autorizada acredita oficialmente y por escrito unos hechos, unas actuaciones, el contenido de un documento o los que constan en un expediente, un archivo, un registro, o cualquier otra base documental o de datos, sin hacer ninguna valoración.

c) Mediante la «solicitud» el interesado o ciudadano se dirige a la Administración, instando de la misma una actuación concreta en el tema de que se trate.

d) La resolución que ponga fin al procedimiento podrá o no decidir todas las cuestiones planteadas por los interesados y aquellas otras derivadas del mismo.

23. No es un elemento necesario en la formulación de las solicitudes:

a) Lugar y fecha.
b) Órgano, centro o unidad administrativa desde donde se envía la solicitud.
c) Nombre y apellidos del interesado y, en su caso, de la persona que lo representa.
d) Firma del solicitante o acreditación de la autenticidad de su voluntad expresada por cualquier medio.

24. Señala la opción incorrecta. El núcleo del certificado está formado por la certificación propiamente dicha, que consta de tres partes:

a) Fórmula inicial.
b) Hechos que se certifican.
c) Fórmula final.
d) Asunto.

25. En relación con el Acta de la Reunión, señala la proposición errónea:

a) En el acta figurará, a solicitud de los respectivos miembros del órgano, el voto contrario al acuerdo adoptado, pero no la abstención ni los motivos que la justifiquen, y tampoco el sentido del voto favorable.

b) Las actas se aprobarán en la misma o en la siguiente sesión, pudiendo, no obstante, emitir el Secretario la certificación sobre los acuerdos específicos que se hayan adoptado, sin perjuicio de la última aprobación del acta.

c) Cuando los miembros del órgano voten en contra o se abstengan, quedarán exentos de la responsabilidad que, en su caso, pueda derivarse de los acuerdos.

d) Cualquier miembro tiene derecho a solicitar la transcripción íntegra de su intervención o propuesta.

26. De cada sesión que celebre el órgano colegiado se levantará acta por el Secretario, que especificará necesariamente:

a) Los asistentes.
b) Los puntos principales de las deliberaciones.
c) El contenido de los acuerdos adoptados.
d) Todos los anteriores.

27. En caso de que excepcionalmente, en un procedimiento, el interesado deba presentar un documento original, tendrá derecho a:

a) Obtener una copia autenticada del documento original.

b) No desprenderse de él, presentándolo únicamente para que el funcionario correspondiente autentifique una copia con la que se quedará, devolviendo el original al interesado.

c) Recuperarlo en un plazo máximo de 30 días.

d) Ninguna norma puede exigir la presentación de documentos originales.

28. En relación a los documentos electrónicos administrativos, no es cierto que:

a) Para ser considerados válidos, los documentos electrónicos administrativos deberán disponer de los datos de identificación que permitan su individualización, sin perjuicio de su posible incorporación a un expediente electrónico.

b) A menos que su naturaleza exija otra forma más adecuada de expresión y constancia, las Administraciones Públicas emitirán los documentos administrativos por escrito, a través de medios electrónicos.

c) Los documentos electrónicos emitidos por las Administraciones Públicas que se publiquen con carácter meramente informativo requieren firma electrónica para ser considerados documentos administrativos.

d) Cualquier documento electrónico emitido por una Administración Pública requerirá que se identifique su origen aunque no forme parte de un expediente administrativo.

29. ¿Cuál de las siguientes afirmaciones en relación con la autenticación de copias, es cierta?

a) Las copias auténticas tienen la misma validez que los documentos originales pero distinta eficacia.

b) Las copias auténticas de documentos privados no pueden surtir efectos administrativos.

c) Las copias auténticas realizadas por una Administración Pública sólo tienen validez en su ámbito funcional.

d) Los interesados podrán solicitar, en cualquier momento, la expedición de copias auténticas de los documentos públicos administrativos que hayan sido válidamente emitidos por las Administraciones Públicas.

30. Según el Libro de Estilo del Gobierno de Navarra, ¿cuál de las siguientes dataciones de un documento se considera más correcta?

a) Pamplona, a cinco de abril de dos mil diecinueve.

b) En Pamplona, a 5-IV-2019.

c) Pamplona, 5 de abril de 2019.

d) En Pamplona, cinco de Abril de 2019.

Solución al test n.º 5

1. a) El documento.

2. b) Documentación activa.

3. c) Único e irrepetible.

4. b) Una serie.

5. c) La seriación.

6. c) La clase.

7. a) Tradición documental.

8. b) Data tópica.

9. c) Edad administrativa.

10. a) Fase de registro.

11. a) Administrativa.

12. a) Un catálogo colectivo.

13. d) Los válidamente emitidos por las Administraciones Públicas.

14. b) Tratamiento diferenciado.

15. b) Los documentos electrónicos que se publiquen con carácter meramente informativo.

16. c) Tiene la misma validez y eficacia que el documento original.

17. c) El acuerdo.

18. c) De constancia interna.

19. d) Oficio.

20. d) La alegación.

21. b) 3 niveles.

22. d) La resolución que ponga fin al procedimiento podrá o no decidir todas las cuestiones planteadas por los interesados y aquellas otras derivadas del mismo.

23. b) Órgano, centro o unidad administrativa desde donde se envía la solicitud.

24. d) Asunto.

25. a) En el acta figurará, a solicitud de los respectivos miembros del órgano, el voto contrario al acuerdo adoptado, pero no la abstención ni los motivos que la justifiquen, y tampoco el sentido del voto favorable.

26. d) Todos los anteriores.

27. a) Obtener una copia autenticada del documento original.

28. c) Los documentos electrónicos emitidos por las Administraciones Públicas que se publiquen con carácter meramente informativo requieren firma electrónica para ser considerados documentos administrativos.

29. d) Los interesados podrán solicitar, en cualquier momento, la expedición de copias auténticas de los documentos públicos administrativos que hayan sido válidamente emitidos por las Administraciones Públicas.

30. c) Pamplona, 5 de abril de 2019.

Normativa básica en la Administración de la Comunidad Foral de Navarra

PARTE II

TEST N.º 1

La Constitución Española de 1978: Principios generales. Derechos y deberes fundamentales. La Corona. Las Cortes Generales: composición y funciones. El Gobierno y la Administración del Estado. El Poder Judicial. El Tribunal Constitucional: Composición, naturaleza y competencias

1. ¿En qué se fundamenta la Constitución Española?

a) En un Estado social y democrático de Derecho.
b) En la indisoluble unidad de la Nación española.
c) En la independencia de los poderes del Estado.
d) En la organización territorial del Estado.

2. Según el artículo 3 de la CE, el castellano es la lengua oficial del Estado y todos los Españoles:

a) Tienen el deber de usar y el derecho de conocer el castellano.
b) Tienen el derecho y el deber de conocer el castellano.
c) Tienen el deber de conocer y el derecho de usar el castellano.
d) Tienen el derecho de conocer y usar el castellano.

3. La Constitución Española reconoce y garantiza el derecho a la autonomía:

a) De las nacionalidades que la integran.
b) De las regiones que la integran.
c) De las Comunidades Autónomas que la integran.
d) De las nacionalidades y regiones que la integran.

4. El Preámbulo de la Constitución:

a) Tiene en sí carácter de norma jurídica.
b) Es una declaración de intenciones, destinada a interpretar lo que se quiere alcanzar con el contenido normativo de la Constitución.

c) Se trata de un texto sin fuerza jurídica de obligar.
d) Las respuestas b) y c) son correctas.

5. Señala la afirmación correcta, respecto de la aprobación, ratificación y publicación de la Constitución Española:

a) Aprobada por las Cortes el 31 de octubre de 1978, ratificada por el pueblo en referéndum el 6 de diciembre de 1978 y publicada el 29 de diciembre de 1978.
b) Aprobada por las Cortes el 30 de octubre de 1978, ratificada por el pueblo en referéndum el 16 de diciembre de 1978 y publicada el 27 de diciembre de 1978.
c) Aprobada por las Cortes el 31 de octubre de 1978, ratificada por el pueblo en referéndum el 16 de diciembre de 1978 y publicada el 29 de diciembre de 1978.
d) Aprobada por las Cortes el 10 de octubre de 1978, ratificada por el pueblo en referéndum el 26 de diciembre de 1978 y publicada el 30 de diciembre de 1978.

6. ¿En qué parte de la Carta Magna se establece la exposición de motivos que impulsan la norma constitucional y los objetivos que con ella se pretenden alcanzar?

a) En el Título preliminar.
b) En el Preámbulo.
c) En el Título I.
d) En el Título II.

7. La Constitución Española fue sancionada por:

a) El Rey.
b) El Presidente del Congreso.
c) Las Cortes Generales.
d) El Presidente del Gobierno.

8. ¿Cuáles de los siguientes españoles de origen pueden ser privados de su nacionalidad?

a) Exclusivamente los miembros de grupos terroristas.
b) Los miembros de grupos terroristas y los que atenten contra el Rey u otro miembro de la Casa Real.
c) Los que atenten contra un miembro de la Familia Real o del Gobierno de la Nación.
d) Ningún español de origen podrá ser privado de su nacionalidad.

9. Según la CE son fundamentos del orden político y la paz social:

a) La dignidad de la persona, los derechos violables que les son inherentes y el respeto a la ley.
b) La dignidad de la persona, el desarrollo limitado de la personalidad y el respeto a la ley.

c) El respeto a la ley, a los reglamentos administrativos y demás disposiciones legales.

d) La dignidad de la persona, los derechos inviolables que le son inherentes, el libre desarrollo de su personalidad, el respeto a la ley y a los derechos de los demás.

10. ¿Cuál de los siguientes es considerado por la CE como uno de los valores superiores del ordenamiento jurídico?

a) La jerarquía normativa.
b) El pluralismo político.
c) La publicidad normativa.
d) La equidad.

11. La forma política del Estado español es:

a) Democracia parlamentaria.
b) Gobierno parlamentario.
c) Monarquía parlamentaria.
d) República democrática.

12. La parte de la CE que regula la estructura de los principales órganos del Estado recibe el nombre de:

a) Parte dogmática.
b) Parte orgánica.
c) Parte estatal.
d) Parte estructural.

13. Según la CE, la soberanía nacional:

a) Corresponde a las Cortes Generales, al estar compuestas por los representantes del pueblo.
b) Corresponde al Rey.
c) Reside en el pueblo español.
d) Corresponde al Gobierno de la Nación elegido directamente por el pueblo.

14. El derecho a la propiedad en nuestra Constitución es un Derecho:

a) Inherente a la condición humana.
b) Absoluto.
c) Limitado por la función social de la misma.
d) Ninguna de las respuestas anteriores es correcta.

15. ¿En qué parte de la Carta Magna se señalan los valores superiores del ordenamiento jurídico?

a) En el Preámbulo.
b) En el Título Preliminar.

c) En el Título I.
d) Ninguna respuesta es correcta.

16. ¿Cuál de las siguientes es una de las características de nuestra Constitución de 1978?

a) Consensuada.
b) Corta.
c) Conservadora.
d) Originalidad.

17. Son el fundamento del orden político y de la paz social:

a) El libre desarrollo de la personalidad.
b) Los derechos inviolables que les son inherentes.
c) El respeto a la ley y a los derechos de los demás.
d) Todas las respuestas son correctas.

18. Señala la respuesta incorrecta respecto al Tribunal Constitucional:

a) Se organiza a través de las figuras del Presidente, el Pleno, las Salas y las Secciones.
b) El Presidente, será nombrado entre sus miembros por el Rey, a propuesta del mismo Tribunal en Pleno y por un período de tres años.
c) El Pleno lo preside el Presidente del Tribunal y, en su defecto, el Vicepresidente y, a falta de ambos, el Magistrado de mayor edad.
d) La distribución de asuntos entre las Salas del Tribunal se efectuará según un turno establecido por el Pleno a propuesta de su Presidente.

19. Para la adopción de los acuerdos de las Secciones, se requerirá:

a) La presencia siempre de sus tres miembros.
b) La presencia de dos miembros, salvo que haya discrepancia, requiriéndose entonces la de sus tres miembros.
c) La presencia de tres miembros, salvo que haya discrepancia, requiriéndose entonces la de sus cinco miembros.
d) La presencia siempre de sus cinco miembros.

20. Señala la respuesta incorrecta respecto a las sentencias del Tribunal Constitucional:

a) Las sentencias y resoluciones del Tribunal Constitucional tendrán la consideración de títulos declarativos.
b) Todos los poderes públicos están obligados al cumplimiento de lo que el Tribunal Constitucional resuelva.

c) Las sentencias del Tribunal Constitucional se publicarán en el Boletín Oficial del Estado con los votos particulares, si los hubiere.

d) Salvo que en el fallo se disponga otra cosa, subsistirá la vigencia de la ley en la parte no afectada por la inconstitucionalidad.

21. ¿Quién nombra a los miembros del Tribunal Constitucional?

a) El Rey.
b) El Presidente del Gobierno.
c) Las Cortes Generales.
d) El Presidente del Tribunal Constitucional.

22. ¿Cuántos de los miembros del Tribunal Constitucional son propuestos por el Consejo General del Poder Judicial?

a) Cuatro.
b) Tres.
c) Dos.
d) Ninguno.

23. Los miembros del Tribunal Constitucional deberán ser nombrados entre Magistrados y Fiscales, Profesores de Universidad, Funcionarios Públicos y Abogados, todos ellos Juristas de reconocida competencia:

a) Con más de veinte años de ejercicio profesional.
b) Con más de quince años de ejercicio profesional.
c) Con más de doce años de ejercicio profesional.
d) Con más de diez años de ejercicio profesional.

24. Dispone la Carta Magna que todos contribuirán al sostenimiento de los gastos públicos de acuerdo con su capacidad económica mediante un sistema tributario justo inspirado en los principios de:

a) Legalidad y equidad.
b) Igualdad y progresividad.
c) Publicidad y legalidad.
d) Eficacia y sostenibilidad.

25. Las primeras elecciones democráticas celebradas en España tras la muerte de Franco tuvieron lugar en:

a) 1975.
b) 1976.
c) 1977.
d) 1978.

26. El referéndum en el que se aprobó popularmente la Constitución se llevó a efecto el:

a) 27 de diciembre de 1978.
b) 6 de diciembre de 1978.
c) 31 de octubre de 1978.
d) 29 de diciembre de 1979.

27. La ponencia encargada de redactar el borrador de la Constitución se constituyó en el:

a) Senado.
b) Senado y Congreso de los Diputados.
c) Congreso de los Diputados.
d) Gobierno de la Nación.

28. Si un poder público, en su actuación, infringe lo dispuesto en el Preámbulo de la Constitución:

a) Incurre en nulidad.
b) Incurre en inconstitucionalidad.
c) No pasa nada salvo que, como consecuencia de esa actuación, se infrinja un artículo de la propia Constitución.
d) Nada de lo anterior es cierto.

29. El principio en virtud del cual el ciudadano está amparado por una legislación no sujeta a continuos vaivenes es el de:

a) Legalidad.
b) Publicidad normativa.
c) Seguridad jurídica.
d) Jerarquía normativa.

30. El principio en virtud del cual un Reglamento no puede contradecir una ley es el de:

a) Legalidad.
b) Jerarquía normativa.
c) Las respuestas a) y b) son correctas.
d) Seguridad jurídica.

31. Según la Constitución, una norma que imponga una nueva pena más leve para un delito:

a) No se aplica retroactivamente.
b) Puede aplicarse retroactivamente.

c) Ha de ser reglamentaria.
d) Atenta contra el principio de legalidad penal si se aplica retroactivamente.

32. Todos los españoles, respecto al castellano, tienen el:

a) Derecho-deber de conocerlo.
b) Derecho de usar y deber de conocerlo.
c) Derecho-deber de usarlo.
d) Nada de lo anterior.

33. La capital del Estado en España es:

a) La propia de cada Comunidad Autónoma.
b) La villa de Madrid.
c) Aquella donde se establezca en cada momento el Gobierno de la Nación.
d) Aquella en la que resida generalmente el Rey.

34. El Título de la Constitución que trata de la reforma constitucional es el:

a) Primero.
b) Décimo.
c) Noveno.
d) Undécimo.

35. El Defensor del Pueblo se regula en el siguiente Título y Capítulo de la Constitución, respectivamente:

a) Preliminar y 1.º
b) Segundo y 4.º
c) Segundo y 3.º
d) Primero y 4.º

36. El Título de la Carta Magna que trata del Gobierno y la Administración es el:

a) Tercero.
b) Cuarto.
c) Quinto.
d) Sexto.

37. Los principios rectores de la política social y económica se regulan en el siguiente Capítulo y Título de la Constitución:

a) Segundo del Primero.
b) Tercero del Primero.
c) Tercero del Preliminar.
d) Primero del Séptimo.

38. La derogación de una norma posconstitucional que vaya en contra de la Constitución se efectúa por el/la/las:

a) Propia Constitución.
b) Tribunal Constitucional.
c) Cortes Generales.
d) Gobierno de la Nación.

39. El pluralismo político, para nuestra Constitución, es un/una:

a) Principio General del ordenamiento político.
b) Valor superior del ordenamiento jurídico.
c) Principio rector de la política social y económica.
d) Derecho fundamental.

40. La forma política del Estado español es:

a) Unitaria y regionalizada.
b) Federal.
c) La Monarquía Parlamentaria.
d) La propia de un Estado Social y Democrático.

41. La justicia, según nuestra Constitución, es un/una:

a) Principio de nuestro ordenamiento jurídico.
b) Valor superior del anterior.
c) Manifestación del Estado democrático.
d) Todo lo anterior.

42. Un español de origen puede perder esta nacionalidad:

a) Por sanción administrativa.
b) Cuando libremente renuncie a la misma.
c) Por condena penal.
d) En ningún caso.

43. Constituye el fundamento del orden público y de la paz social, según la Constitución, el/la/los:

a) Derechos inviolables inherentes a la persona.
b) Estado social y democrático de Derecho.
c) Seguridad jurídica.
d) Justicia.

44. Las Comunidades Autónomas deben usar o instalar la bandera española:

a) En sus edificios.
b) En los actos oficiales.
c) Cuando lo solicite el Delegado del Gobierno de la Nación en las mismas.
d) Cuando lo estimen oportuno.

45. Deben tener una estructura interna y un funcionamiento democrático los/las:

a) Partidos Políticos.
b) Colegios Profesionales.
c) Organizaciones Profesionales.
d) Todos ellos.

46. La defensa de la integridad territorial de España se atribuye por la Constitución a/al/a las:

a) Fuerzas y Cuerpos de Seguridad.
b) Fuerzas Armadas.
c) Gobierno de la Nación.
d) Todas las anteriores.

47. El Título de la Constitución que trata de las relaciones entre el Gobierno y las Cortes Generales es el:

a) Cuarto.
b) Quinto.
c) Sexto.
d) Tercero.

48. La Constitución entró en vigor:

a) Al día siguiente de su publicación en el Boletín Oficial del Estado.
b) El 27 de diciembre de 1978.
c) El 29 de diciembre de 1978.
d) Al ser aprobada en la sesión conjunta por el Congreso de los Diputados y el Senado.

49. Según la Constitución, el Estado es:

a) Apolítico.
b) Aconfesional.
c) De bienestar social.
d) Federal.

50. El derecho a la vida se consagra en el siguiente artículo de la Constitución:

a) 10.
b) 16.
c) 15.
d) 24.

51. La pena de muerte en España:

a) Ha quedado abolida.
b) Puede aplicarse en cualquier momento.
c) Solo se aplicará, en tiempo de guerra, a los militares.
d) Rige solo en el ámbito civil.

52. La inmediata puesta a disposición judicial derivada del habeas corpus, se produce por:

a) Detención ilegal.
b) Prisión ilegal.
c) Prisión preventiva.
d) Detención preventiva.

53. El proceso en el que se enjuicie a un presunto delincuente debe:

a) Ser sumario.
b) No dilatarse.
c) Entorpecer los instrumentos probatorios.
d) Nada de lo anterior es cierto.

54. La entrada en un domicilio en caso de flagrante delito, sin autorización de su titular:

a) Puede dar lugar a la aplicación del habeas corpus.
b) Requiere autorización previa de la autoridad judicial.
c) Puede efectuarse en todo momento.
d) No puede realizarse en momento alguno.

55. Cuando, al conocerse la comisión de un delito por una persona, se acude a su domicilio para detenerla:

a) Está obligada a franquear la entrada.
b) Se necesitará autorización judicial para entrar, si no da su consentimiento para ello.
c) Pese a que no dé su consentimiento, se puede entrar.
d) Nada de lo anterior es correcto.

56. La autorización previa para celebrar una manifestación pública:

a) La da el Subdelegado del Gobierno en la Provincia.
b) Es ineludible.
c) Sería inconstitucional.
d) Se da cuando no se prevean alteraciones al orden público, con peligro para personas o bienes.

57. El tipo de sufragio que consagra la Constitución es el:

a) Proporcional.
b) Universal.
c) Censitario.
d) Las respuestas a) y b) son correctas.

58. Además de la no autoinculpación, la Constitución prevé que no se está obligado a declarar sobre un hecho presuntamente delictivo en caso de:

a) Parentesco y afinidad.
b) Cláusula de conciencia.
c) Secreto profesional.
d) Las respuestas a) y b) son correctas.

59. Los Tribunales de Honor están prohibidos respecto de los/la/las:

a) Sindicatos y Organizaciones Profesionales.
b) Administración Civil y Militar.
c) Organizaciones Profesionales y la Administración Civil.
d) Todas las respuestas anteriores son correctas.

60. El secreto profesional, constitucionalmente, sirve para:

a) Ejercer con libertad una profesión titulada.
b) La libertad de creación científica y técnica.
c) No declarar sobre hechos presuntamente delictivos.
d) Todo lo anterior.

61. La fundación de una Internacional Sindical por un sindicato español:

a) Es libre.
b) Está prohibida.
c) Debe plasmarse en un Tratado Internacional.
d) Nada de lo anterior es cierto.

62. El ejercicio del derecho de petición a través de una manifestación ciudadana:

a) No se admite.
b) Se admite en algún caso.
c) Se admite, salvo para los militares.
d) Ni se admite ni se prohíbe.

63. Nuestro sistema tributario ha de ser:

a) Regresivo e igualitario.
b) Progresivo y generalizado.
c) Confiscatorio.
d) Justo y regresivo.

64. ¿Cuántas salas tiene el Tribunal Constitucional y de cuántos Magistrados se componen cada una de ellas?

a) Las Salas son tres, compuestas cada una por cuatro Magistrados.
b) Las Salas son dos, compuestas cada una por seis Magistrados.
c) Las Salas son tres, compuestas cada una por seis Magistrados.
d) Las Salas son dos, compuestas cada una por cuatro Magistrados.

65. Las Fundaciones son:

a) Entidades constituidas para fines de interés general.
b) Administración Corporativa.
c) Entidades privadas con fines de carácter también privado.
d) Asociaciones de personas para conseguir fines de interés general.

66. La asistencia de todo orden a los hijos habidos extraconyugalmente:

a) No está prevista en la Constitución.
b) Es un deber de los padres.
c) Se dispensará por Instituciones de Beneficencia.
d) Se dispensa solo a los que de ellos tengan discapacidad.

67. La especulación urbanística, según la Constitución:

a) Debe evitarse.
b) Está permitida.
c) Genera plusvalías para la colectividad.
d) Pueden hacerla los poderes públicos.

68. No es susceptible de recurso de amparo el derecho a la/de:

a) Sindicación.
b) Investigación científica.
c) Secreto de las comunicaciones.
d) Lo son todos ellos.

69. Tampoco lo es el derecho de:

a) Libertad de cátedra.
b) Negociación colectiva.
c) Manifestación.
d) Huelga.

70. Y sí lo está el derecho de/a la:

a) Libre sindicación.
b) Petición.
c) Cláusula de conciencia.
d) Lo están todos ellos.

71. Una vez declarado el estado de excepción no se puede suspender el derecho/ libertad de:

a) Huelga.
b) Enseñanza.
c) Adopción de medidas de conflicto colectivo.
d) Libertad de circulación.

72. Durante el estado de excepción, un detenido conserva el derecho de/a:

a) Setenta y dos horas para ser puesto a disposición judicial.
b) Secreto de comunicaciones.
c) Asistencia de Letrado.
d) Ninguno de ellos.

73. Se puede suspender, con motivo de investigaciones relativas a bandas armadas, el derecho de:

a) Huelga.
b) Inviolabilidad del domicilio.
c) Libertad de circulación.
d) Las respuestas b) y c) son correctas.

74. ¿En qué fecha aprobaron las Cortes Generales la Constitución Española?

a) El 31 de octubre de 1978.
b) El 6 de diciembre de 1978.
c) El 27 de diciembre de 1978.
d) El 29 de diciembre de 1978.

75. ¿Cuál de las siguientes no es una característica de la Carta Magna?

a) Su rigidez.
b) El establecimiento, como forma política del Estado, de la monarquía hereditaria.
c) Su codificación en un solo texto.
d) Su extensión.

76. ¿De cuántos artículos consta la Constitución Española de 1978?

a) De 154.
b) De 163.
c) De 169.
d) De 171.

77. ¿Cuál de los siguientes no es uno de los valores superiores de nuestro ordenamiento jurídico?

a) El pluralismo político.
b) La solidaridad.
c) La libertad.
d) La igualdad.

78. A tenor del artículo 11 de la Constitución, los españoles de origen podrán ser privados de su nacionalidad:

a) Cuando así lo determinen las leyes.
b) Cuando entren al servicio de las armas de un país extranjero.
c) Cuando así lo apruebe el Consejo de Ministros.
d) En ningún caso un español de origen podrá ser privado de su nacionalidad.

79. Las Cortes Generales, ¿en qué Título de nuestra Constitución se recogen?

a) En el Título II.
b) En el Título III.
c) En el Título IV.
d) En el Título VI.

80. Según la Disposición Final de nuestra Constitución, esta entrará en vigor:

a) Al día siguiente de su publicación en el Boletín Oficial del Estado.
b) A los veinte días de la publicación de su texto oficial en el Boletín Oficial del Estado.
c) El mismo día de la publicación de su texto oficial en el Boletín Oficial del Estado.
d) Al año de la publicación de su texto oficial en el Boletín Oficial del Estado.

81. Nuestra Constitución trata de los derechos y deberes fundamentales de los españoles en su Título I, denominado:

a) De los derechos y deberes fundamentales.
b) De los deberes de los españoles.
c) De los derechos de los españoles.
d) De los derechos y deberes principales de los españoles.

82. ¿En qué artículos de nuestra CE se recogen los derechos fundamentales y de las libertades públicas?

a) En los artículos 10 a 43.
b) En los artículos 25 a 38.
c) En los artículos 31 a 45.
d) En los artículos 15 a 29.

83. ¿Qué órgano es el intérprete supremo de la Constitución, es independiente de los demás órganos constitucionales y está sometido solo a la Constitución y a su Ley Orgánica?

a) El Tribunal Supremo.
b) El Consejo de Estado.
c) El Tribunal Constitucional.
d) El Consejo General del Poder Judicial.

84. ¿Por cuántos años es nombrado el Presidente de Tribunal Constitucional?

a) Por tres.
b) Por cuatro.
c) Por cinco.
d) Por seis.

85. Según la Constitución Española, arbitra y modera el funcionamiento regular de las instituciones:

a) El Presidente del Gobierno.
b) El Rey.
c) El Estado.
d) Los tribunales de Justicia.

86. Las abdicaciones y renuncias se resolverán:

a) Por ley.
b) Por decreto ley.
c) Por decisión de las Cortes Generales.
d) Por ley orgánica.

87. Si no hubiese a quien corresponda la Regencia, esta será nombrada por:

a) Las Cortes Generales.
b) El Congreso de los Diputados.
c) El Senado.
d) El Gobierno.

88. No necesita de refrendo:

a) Declarar la guerra y hacer la paz.
b) Expedir los decretos acordados en Consejo de Ministros.
c) Nombrar y relevar a los miembros civiles y militares de la Casa Real.
d) Todos los actos del Rey necesitan refrendo.

89. ¿A quién corresponde manifestar el consentimiento del Estado para obligarse por medio de tratados?

a) Al Rey.
b) Al Gobierno.
c) Al Estado.
d) Al Presidente del Gobierno.

90. Si el príncipe heredero contrae matrimonio contra la expresa prohibición de las Cortes Generales:

a) No podrá casarse.
b) Podrá casarse, pero no podrá vivir en el palacio real.
c) Deberá antes de pedir autorización a las Cortes para poder contraerlo.
d) Será excluido en la sucesión de la corona.

91. Según el art. 59.5 de la Carta Magna, la Regencia se ejercerá:

a) Por mandato constitucional y en nombre del pueblo español.
b) Por mandato constitucional y en nombre de las Cortes Generales.
c) Por mandato constitucional y en nombre de la soberanía popular.
d) Por mandato constitucional y en nombre del Rey.

92. Las Cámaras se reúnen en sesiones:

a) Ordinarias y extraordinarias.
b) Simples o conjuntas.
c) Ordinarias, extraordinarias y conjuntas.
d) Ordinarias, extraordinarias y de urgencia.

93. Para adoptar acuerdos, las Cámaras deben estar reunidas reglamentaria-mente y con asistencia de la mayoría de sus miembros. Dichos acuerdos, para ser válidos, deberán ser aprobados:

a) Por la mayoría de los miembros presentes.
b) Por mayoría absoluta de sus miembros.
c) Por los 3/5 de cada una de las Cámaras.
d) Por los 2/3 del conjunto de las Cámaras.

94. ¿En qué plazo deberá ser convocado el Congreso electo tras la celebración de elecciones?

a) Entre los 30 y 60 días siguientes.
b) Dentro de los 25 días siguientes.
c) Entre los 10 y 30 días siguientes.
d) Dentro de los 30 días siguientes.

95. En las causas contra Diputados y Senadores será competente:

a) La Sala de lo Civil del Tribunal Supremo.
b) La Sala de lo Social del Tribunal Supremo.
c) La Sala de lo Contencioso-Administrativo del Tribunal Supremo.
d) La Sala de lo Penal del Tribunal Supremo.

96. Las Diputaciones Permanentes estarán presididas por:

a) El diputado de mayor edad.
b) El diputado del grupo parlamentario más numeroso.
c) El Presidente del Gobierno.
d) El Presidente de la Cámara respectiva.

97. ¿Cuántos Senadores corresponderán a Menorca?

a) 1.
b) 2.
c) 3.
d) 4.

98. Las sesiones conjuntas del Senado y del Congreso serán presididas:

a) Por el Rey.
b) Por el Presidente del Gobierno.
c) Por el Presidente del Congreso.
d) Por el Presidente del Senado.

99. Los Senadores por provincias se elegirán por:

a) Sufragio universal, libre, igual, directo y secreto.
b) Sufragio directo, libre, igual, directo y secreto.
c) Sufragio internacional, directo, igual y secreto.
d) Sufragio universal, libre, secreto, igual y secreto.

100. ¿Cuál de las siguientes no es una de las cuatro Salas que integran la Audiencia Nacional?

a) De lo Contencioso-Administrativo.
b) De lo Penal.
c) De lo Civil.
d) De Apelación.

101. ¿Cuál es la Sala Tercera del Tribunal Supremo?

a) De lo Contencioso-Administrativo.
b) De lo Social.
c) De lo Penal.
d) De lo Militar.

102. ¿Cuántos Vocales integran el Consejo General del Poder Judicial?

a) Diez.
b) Doce.
c) Quince.
d) Veinte.

103. ¿Cuál de los siguientes no es uno de los órganos del Consejo General del Poder Judicial?

a) La Comisión de Catalogación.
b) La Comisión Permanente.
c) La Comisión Disciplinaria.
d) La Comisión de Igualdad.

104. ¿A quién corresponde ejercer la alta inspección de Tribunales, así como la supervisión y coordinación de la actividad inspectora ordinaria de los Presidentes y Salas de Gobierno de los Tribunales:

a) Al Tribunal Supremo.
b) Al Ministro de Justicia.
c) Al Consejo General del Poder Judicial.
d) Al Tribunal Constitucional.

105. La asunción de funciones constitucionales por la Reina consorte:

a) Está prevista como regla general.
b) Depende de la voluntad del Rey.
c) Está prohibida.
d) Está limitada.

106. La tutoría del Rey puede recaer en:

a) Cualquier persona nombrada por las Cortes Generales, en su caso.
b) Sus hijos.
c) Una, tres o cinco personas.
d) Nada de lo anterior es cierto.

107. Una hija del Príncipe de Asturias ostentará este tratamiento:

a) Cuando su padre acceda a la condición de Rey, si es la primogénita, aunque tenga hermanos varones.
b) Al morir su padre.
c) Al acceder a Rey su padre, si no tiene hermano varón.
d) Cuando delegue en ella el propio Príncipe.

108. La Regencia se ejerce:

a) Por mandato del Rey.
b) En nombre de este.
c) Por mandato constitucional.
d) Las respuestas b) y c) son correctas.

109. La dirección de la defensa del Estado es competencia genuina del/de las:

a) Rey.
b) Fuerzas Armadas.
c) Gobierno de la Nación.
d) Todos ellos.

110. El refrendo de los actos del Rey está íntimamente relacionado con:

a) Su irresponsabilidad política.
b) Su inhabilitación.
c) La Regencia.
d) Sus poderes discrecionales.

111. En caso de que el Rey sea menor de edad:

a) No tomará posesión de su cargo hasta su mayoría de edad.
b) Ejercerá la Regencia el Príncipe heredero.
c) Ejercerá la Regencia su cónyuge.
d) Nada de lo anterior es cierto.

112. Si el Príncipe heredero tuviera descendientes y renunciara a sus derechos al trono:

a) Su cónyuge ejercería la Regencia hasta que su primogénito varón fuere mayor de edad.
b) Su cónyuge ejercería la Regencia hasta que dicho primogénito fuera proclamado Rey.
c) Se nombraría Princesa heredera a su hermana mayor, si la hubiere.
d) Nada de lo anterior es cierto.

113. La presidencia por el Rey de las reuniones del Consejo de Ministros:

a) Se permite solo respecto de las decisorias.
b) Ha de efectuarse a petición del Presidente del Gobierno de la Nación.
c) Está prevista constitucionalmente para dirigir la Administración Civil y Militar.
d) Las respuestas a) y b) son ciertas.

114. El juramento lo prestará el Rey ante el/las:

a) Cortes Generales.
b) Gobierno de la Nación.
c) Miembros de la Familia Real.
d) Pueblo español.

115. Si se agotan todas las líneas llamadas a la sucesión en la Corona de España, se:

a) Nombran Regentes.
b) Proveerá a la sucesión en la Corona por las Cortes Generales.
c) Proclama la República.
d) Establece una Dictadura.

116. La inhabilitación del Rey se reconoce por el/los/las:

a) Gobierno de la Nación.
b) Congreso de los Diputados.
c) Cortes Generales.
d) Tres Poderes constitucionales.

117. El Regente nombrado en defecto de padre, madre, pariente mayor de edad o Príncipe heredero mayor de edad se designa por el/las:

a) Propio Rey.
b) Cortes Generales.
c) Congreso de los Diputados.
d) Consejo de Regencia.

118. El número mínimo de Diputados previstos para el Congreso de los Diputados es de:

a) 250.
b) 300.
c) 400.
d) 350.

119. No es incompatible para ser elegido Diputado del Congreso de los Diputados un:

a) Militar en activo.
b) Miembro de una Junta Electoral.
c) Juez.
d) Ministro.

120. La Palma elige los siguientes Senadores:

a) Ninguno.
b) Dos.
c) Uno.
d) Cuatro.

121. La declaración del estado de sitio debe hacerla el/las:

a) Gobierno de la Nación.
b) Rey.
c) Congreso de los Diputados.
d) Presidente del Gobierno de la Nación.

122. El Presidente de la Diputación Permanente del Congreso de los Diputados es el:

a) Del partido mayoritario.
b) Portavoz del partido con mayor número de escaños.
c) Presidente de la Cámara.
d) Elegido por los Portavoces de los Grupos Parlamentarios.

123. El mínimo de miembros integrantes de una Comisión de Investigación según el artículo 76 de la Constitución es de:

a) Veintiuno.
b) Mayoría simple.
c) Mayoría absoluta.
d) No se establece.

124. No puede solicitar la celebración de una sesión extraordinaria de las Cortes Generales el/la:

a) Mayoría absoluta de sus miembros.
b) Diputación Permanente de ellas.
c) Mesa de cada Cámara.
d) Gobierno de la Nación.

125. El primer período de sesiones de las Cámaras concluye, según la Constitución:

a) Al finalizar su mandato.
b) En enero.
c) En diciembre.
d) En junio.

126. No puede delegarse en una Comisión Legislativa Permanente la posibilidad de aprobar una Ley:

a) Tributaria.
b) De funcionarios públicos.
c) Orgánica.
d) Las respuestas a) y c) son correctas.

127. La justicia se administra en nombre del:

a) Juez o Tribunal que la imparta.
b) Pueblo español.
c) Rey.
d) Justiciable.

128. El titular de la Justicia es el/los:

a) Poder Judicial.
b) Rey.
c) Pueblo soberano.
d) Jueces y Tribunales.

129. El artículo 117 de la Constitución no incluye como característica de los Jueces y Magistrados la:

a) Independencia.
b) Responsabilidad.
c) Inamovilidad.
d) Incluye a todas ellas.

130. La ejecución de lo juzgado es competencia genuina de la/los:

a) Juzgados y Tribunales.
b) Consejo General del Poder Judicial.
c) Policía Judicial.
d) Administración Pública.

131. Los supuestos de suspensión o movilidad de los Jueces deben estar establecidos en un/una/la:

a) Ley.
b) Reglamento.
c) Instrucción del Consejo General del Poder Judicial.
d) Constitución.

132. Según la Constitución, el procedimiento en el ámbito de la administración de justicia debe ser:

a) Gratuito siempre.
b) Predominantemente oral.
c) En audiencia pública.
d) Motivado.

133. La colaboración con los Jueces y Tribunales por los particulares es obligatoria:

a) En el proceso.
b) Antes del procesamiento.
c) Solo cuando no exista Policía Judicial.
d) En todo caso.

134. Los Jueces y Tribunales deben elevar al Tribunal Constitucional:

a) La cuestión de inconstitucionalidad.
b) El recurso de inconstitucionalidad.
c) La inconstitucionalidad de las normas reglamentarias.
d) Todo lo anterior.

135. Por funcionamiento anormal de la Administración de Justicia debe responder el/la:

a) Propia Administración.
b) Ministerio de Justicia solamente.
c) Estado.
d) Nadie.

136. La cúspide de la jurisdicción en España la ostenta el:

a) Consejo General del Poder Judicial.
b) Ministerio Fiscal.
c) Tribunal Constitucional.
d) Tribunal Supremo.

137. La misión de velar por la independencia de los Tribunales y procurar ante estos la satisfacción del interés social es propia del/de los:

a) Poder Judicial.
b) Consejo General del Poder Judicial.
c) Ministerio Fiscal.
d) Jueces y Tribunales.

138. El jurado no intervendrá en procesos:

a) De ningún tipo.
b) Penales.
c) Residenciados en Audiencias Provinciales.
d) Civiles.

139. El Jurado en los Tribunales consuetudinarios:

a) No existe.
b) Existe.
c) Ejerce la acción popular.
d) Se integra por Jueces y Magistrados.

140. La función del Jurado es:

a) Obligatoria y gratuita.
b) Incompatible en todo caso.
c) Remunerada y voluntaria.
d) Ninguna de las respuestas anteriores es correcta.

141. La existencia del Jurado en los Tribunales Superiores de Justicia:

a) Es posible.
b) No se va a dar.
c) Es su única sede.
d) Se admite en toda materia.

142. Un Policía Local actuará como Policía Judicial:

a) En todo caso.
b) Nunca.
c) Cuando se le requiera al efecto.
d) Previa autorización de su Alcalde.

143. La afiliación sindical de Jueces y Magistrados está:

a) Prohibida.
b) Permitida.
c) Legalizada.
d) Admitida, si media consentimiento del Consejo General del Poder Judicial.

144. A efectos judiciales no se constituye como división del Estado el/la:

a) Comunidad Autónoma.
b) Municipio.
c) Partido Judicial.
d) Lo son todos ellos.

145. El Partido Judicial se integra por:

a) Uno o más Municipios.
b) Un solo Municipio o Provincia.
c) Una o más Provincias.
d) Una Comunidad Autónoma.

146. No existe Tribunal Militar Territorial en:

a) Sevilla.
b) La Coruña.

c) Las Palmas.
d) Barcelona.

147. Tampoco existe Tribunal Militar Territorial en:

a) Sevilla.
b) Baleares.
c) Madrid.
d) Santa Cruz de Tenerife.

148. El segundo escalón de la Jurisdicción Militar lo constituye el/la/los:

a) Tribunal Militar Central.
b) Tribunales Militares Territoriales.
c) Juzgados Togados Militares.
d) Sala de lo Militar del Tribunal Supremo.

149. El Consejo General del Poder Judicial se renovará en su totalidad cada:

a) Seis años, contados desde la fecha de su constitución.
b) Cinco años, contados desde la fecha de su constitución.
c) Cuatro años, contados desde la fecha de su constitución.
d) Tres años, contados desde la fecha de su constitución.

150. ¿Cuántas personas Vocales del Consejo General del Poder Judicial serán designadas por las Cortes Generales?

a) Veintiuna.
b) Veinte.
c) Diecisiete.
d) Trece.

151. Con carácter general, los Juzgados de lo Mercantil existirán:

a) En cada provincia.
b) Con sede en la capital de la provincia.
c) En número de uno o varios.
d) Todo lo anterior es cierto.

152. Como regla general, los Juzgados de lo Contencioso-Administrativo existirán en el siguiente ámbito territorial:

a) Comarcal.
b) Provincial.

c) Municipal.
d) De Comunidad Autónoma.

153. En la Audiencia Nacional no existe Sala de lo:

a) Penal.
b) Contencioso-Administrativo.
c) Civil.
d) Social.

154. La jurisdicción del Tribunal Supremo abarca a:

a) Todas las materias.
b) Las actividades de las Cortes Generales.
c) Todo el territorio nacional.
d) Las cuestiones constitucionales.

155. La Sala de lo Militar en el Tribunal Supremo es la:

a) Sexta.
b) Quinta.
c) Cuarta.
d) No existe como tal.

156. En el Tribunal Supremo, la Sala Cuarta se dedica a lo:

a) Penal.
b) Contencioso-Administrativo.
c) Militar.
d) Social.

157. Con su Presidente, integran el Consejo General del Poder Judicial los siguientes miembros:

a) Doce.
b) Veintiuno.
c) Veinte.
d) Trece.

158. Señala cuál de las siguientes no es una de las atribuciones del Consejo General del Poder Judicial:

a) Nombrar al Fiscal General del Estado.
b) Participar, en los términos legalmente previstos, en la selección de Jueces y Magistrados.
c) Ejercer la alta inspección de Tribunales.
d) Proponer el nombramiento de Jueces, Magistrados y Magistrados del Tribunal Supremo.

159. En materia de modificación de plantillas orgánicas de Jueces y Magistrados, el Consejo General del Poder Judicial:

a) Decide.
b) Informa posteriormente.
c) Informa previamente.
d) Propone en todo caso.

160. Los veinte Vocales del Consejo General del Poder Judicial serán designados por:

a) Las Cortes Generales.
b) El Gobierno de la Nación.
c) Las respuestas a) y b) son correctas.
d) El Tribunal Constitucional, en parte.

161. No es órgano del Consejo General del Poder Judicial las/el/la:

a) Pleno.
b) Secciones.
c) Comisión de Asuntos Económicos.
d) Comisión Permanente.

162. El Vicepresidente en el Consejo General del Poder Judicial:

a) Es un cargo facultativo.
b) Existe siempre.
c) Se elige por la Comisión Permanente.
d) No existe como tal órgano.

163. Los miembros del Ministerio Fiscal se integran en:

a) Un Cuerpo único.
b) Una estructura no jerarquizada.
c) Una sola categoría.
d) Categorías independientes.

164. Los principios con arreglo a los cuales han de ejercer sus funciones los miembros del Ministerio Fiscal son los de:

a) Igualdad y legalidad.
b) Imparcialidad e igualdad.
c) Imparcialidad y legalidad.
d) Legalidad y dependencia.

165. El Consejo General del Poder Judicial, respecto al nombramiento del Fiscal General del Estado:

a) Es quien lo nombra.
b) Debe ser oído por el Gobierno antes de su nombramiento.
c) No tiene atribuciones.
d) Emite dictamen preceptivo respecto a su nombramiento.

166. Una característica de la actuación del Ministerio Fiscal, en lo que a su organización interna se refiere, es la de:

a) Dependencia del Gobierno de la Nación.
b) Dependencia jerárquica.
c) Parcialidad.
d) Inamovilidad.

167. La vigente Ley del Gobierno de la Nación es de:

a) 1992.
b) 1995.
c) 1996.
d) 1997.

168. El ámbito donde es posible una mayor discrecionalidad por parte del Gobierno de la Nación es en el/la:

a) Aplicación de la ley.
b) Potestad reglamentaria.
c) Dirección de la política.
d) Función ejecutiva.

169. La función representativa de los miembros del Gobierno de la Nación se manifiesta en:

a) La Jefatura de los Ministerios.
b) Su estatuto personal como tales.
c) Su mandato parlamentario.
d) Ninguna forma.

170. La coordinación de las funciones de los miembros del Gobierno de la Nación es competencia del/de las:

a) Presidente del Gobierno de la Nación.
b) Vicepresidente del Gobierno de la Nación.
c) Ministerio de la Presidencia, Justicia y Relaciones con las Cortes.
d) Comisiones Delegadas del Gobierno de la Nación.

171. La propuesta del Rey de candidato a la Presidencia del Gobierno de la Nación se canaliza a través del:

a) Presidente del Congreso de los Diputados.
b) Gobierno de la Nación en pleno.
c) Senado y Congreso de los Diputados.
d) Grupo político mayoritario.

172. La confianza al candidato a Presidente del Gobierno de la Nación se otorga, en primera vuelta, por:

a) Mayoría absoluta de las Cortes Generales.
b) Mayoría absoluta del Congreso de los Diputados.
c) Mayoría simple del Congreso de los Diputados.
d) Mayoría simple de las Cortes Generales.

173. La disolución de las Cámaras, por transcurso de dos meses desde la primera votación de investidura, sin obtención de la confianza parlamentaria por los candidatos, se refrenda por el:

a) Presidente del Gobierno de la Nación.
b) Rey.
c) Presidente del Congreso de los Diputados.
d) No necesita refrendo.

174. El Gobierno de la Nación, en relación con los Presupuestos Generales del Estado:

a) Los aprueba.
b) Los convalida.
c) Aprueba su Proyecto de Ley.
d) Los ratifica.

175. No se incluye como principio fundamental de la actuación de la Administración el de:

a) Coordinación.
b) Cooperación.
c) Legalidad.
d) Las respuestas b) y c) son correctas.

176. La aprobación de exigencia de responsabilidad de un Ministro por un delito contra la seguridad del Estado en el ejercicio de sus funciones compete al/a la:

a) Sala de lo Penal del Tribunal Supremo.
b) Mayoría absoluta de los miembros del Congreso de los Diputados.

c) Cuarta parte de estos miembros.
d) Consejo de Ministros.

177. La prerrogativa real de gracia respecto a la responsabilidad penal de un Ministro se refrenda por el:

a) Presidente del Congreso de los Diputados.
b) Presidente del Tribunal Supremo.
c) Presidente del Gobierno de la Nación.
d) No es posible esta medida.

178. Las Fuerzas y Cuerpos de Seguridad dependen del:

a) Ejército.
b) Gobierno de la Nación.
c) Ministerio de Defensa.
d) Rey.

179. Puede negarse el acceso a los ciudadanos a un archivo administrativo por motivo de:

a) Intimidad de las personas.
b) Defensa del Estado.
c) Política general.
d) Las respuestas a) y b) son correctas.

180. No está obligada la Administración a indemnizar a un particular los daños y perjuicios causados por el funcionamiento de sus servicios:

a) En caso de fuerza mayor.
b) Cuando se trate de un caso fortuito.
c) Si este es solicitado por el propio particular.
d) En todos los tres supuestos anteriores debe indemnizar.

Solución al test n.º 1

1. b) En la indisoluble unidad de la Nación española.

2. c) Tienen el deber de conocer y el derecho de usar el castellano.

3. d) De las nacionalidades y regiones que la integran.

4. d) Las respuestas b) y c) son correctas.

5. a) Aprobada por las Cortes el 31 de octubre de 1978, ratificada por el pueblo en referéndum el 6 de diciembre de 1978 y publicada el 29 de diciembre de 1978.

6. b) En el Preámbulo.

7. a) El Rey.

8. d) Ningún español de origen podrá ser privado de su nacionalidad.

9. d) La dignidad de la persona, los derechos inviolables que le son inherentes, el libre desarrollo de su personalidad, el respeto a la ley y a los derechos de los demás.

10. b) El pluralismo político.

11. c) Monarquía parlamentaria.

12. b) Parte orgánica.

13. c) Reside en el pueblo español.

14. c) Limitado por la función social de la misma.

15. b) En el Título Preliminar.

16. a) Consensuada.

17. d) Todas las respuestas son correctas.

18. c) El Pleno lo preside el Presidente del Tribunal y, en su defecto, el Vicepresidente y, a falta de ambos, el Magistrado de mayor edad.

19. b) La presencia de dos miembros, salvo que haya discrepancia, requiriéndose entonces la de sus tres miembros.

20. a) Las sentencias y resoluciones del Tribunal Constitucional tendrán la consideración de títulos declarativos.

21. a) El Rey.

22. c) Dos.

23. b) Con más de quince años de ejercicio profesional.

24. b) Igualdad y progresividad.

25. c) 1977.

26. b) 6 de diciembre de 1978.

27. c) Congreso de los Diputados.

28. c) No pasa nada, salvo que, como consecuencia de esa actuación, se infrinja un artículo de la propia Constitución.

29. c) Seguridad jurídica.

30. c) Las respuestas a) y b) son correctas.

31. b) Puede aplicarse retroactivamente.

32. b) Derecho de usar y deber de conocerlo.

33. b) La villa de Madrid.

34. b) Décimo.

35. d) Primero y 4.º.

36. b) Cuarto.

37. b) Tercero del Primero.

38. a) Propia Constitución.

39. b) Valor superior del ordenamiento jurídico.

40. c) La Monarquía Parlamentaria.

41. b) Valor superior del anterior.

42. b) Cuando libremente renuncie a la misma.

43. a) Derechos inviolables inherentes a la persona.

44. b) En los actos oficiales.

45. d) Todos ellos.

46. b) Fuerzas Armadas.

47. b) Quinto.

48. c) El 29 de diciembre de 1978.

49. b) Aconfesional.

50. c) 15.

51. a) Ha quedado abolida.

52. a) Detención ilegal.

53. b) No dilatarse.

54. c) Puede efectuarse en todo momento.

55. b) Se necesitará autorización judicial para entrar, si no da su consentimiento para ello.

56. c) Sería inconstitucional.

57. b) Universal.

58. c) Secreto profesional.

59. c) Organizaciones Profesionales y la Administración Civil.

60. c) No declarar sobre hechos presuntamente delictivos.

61. a) Es libre.

62. a) No se admite.

63. b) Progresivo y generalizado.

64. b) Las Salas son dos, compuestas cada una por seis Magistrados.

65. a) Entidades constituidas para fines de interés general.

66. b) Es un deber de los padres.

67. a) Debe evitarse.

68. b) Investigación científica.

69. b) Negociación colectiva.

70. d) Lo están todos ellos.

71. b) Enseñanza.

72. c) Asistencia de Letrado.

73. b) Inviolabilidad del domicilio.

74. a) El 31 de octubre de 1978.

75. b) El establecimiento, como forma política del Estado, de la monarquía hereditaria.

76. c) De 169.

77. b) La solidaridad.

78. d) En ningún caso un español de origen podrá ser privado de su nacionalidad.

79. b) En el Título III.

80. c) El mismo día de la publicación de su texto oficial en el Boletín Oficial del Estado.

81. a) De los derechos y deberes fundamentales

82. d) En los artículos 15 a 29.

83. c) El Tribunal Constitucional.

84. a) Por tres.

85. b) El Rey.

86. d) Por ley orgánica.

87. a) Las Cortes Generales.

88. c) Nombrar y relevar a los miembros civiles y militares de la Casa Real.

89. a) Al Rey.

90. d) Será excluido en la sucesión de la corona.

91. d) Por mandato constitucional y en nombre del Rey.

92. c) Ordinarias, Extraordinarias y Conjuntas.

93. a) Por la mayoría de los miembros presentes.

94. b) Dentro de los 25 días siguientes.

95. d) La Sala de lo Penal del Tribunal Supremo.

96. d) El Presidente de la Cámara respectiva.

97. a) 1.

98. c) Por el Presidente del Congreso.

99. a) Sufragio universal, libre, igual, directo y secreto.

100. c) De lo Civil.

101. a) De lo Contencioso-Administrativo.

102. d) Veinte.

103. a) La Comisión de Catalogación.

104. c) Al Consejo General del Poder Judicial.

105. d) Está limitada.

106. a) Cualquier persona nombrada por las Cortes, en su caso.

107. c) Al acceder a Rey su padre, si no tiene hermano varón.

108. d) Las respuestas b) y c) son correctas.

109. c) Gobierno de la Nación.

110. a) Su irresponsabilidad política.

111. d) Nada de lo anterior es cierto.

112. c) Se nombraría Princesa heredera a su hermana mayor, si la hubiere.

113. b) Ha de efectuarse a petición del Presidente del Gobierno de la Nación.

114. a) Cortes Generales.

115. b) Proveerá a la sucesión en la Corona por las Cortes Generales.

116. c) Cortes Generales.

117. b) Cortes Generales.

118. b) 300.

119. d) Ministro.

120. c) Uno.

121. c) Congreso de los Diputados.

122. c) Presidente de la Cámara.

123. d) No se establece.

124. c) Mesa de cada Cámara.

125. c) En diciembre.

126. c) Orgánica.

127. c) Rey.

128. c) Pueblo soberano.

129. d) Incluye a todas ellas.

130. a) Juzgados y Tribunales.

131. a) Ley.

132. b) Predominantemente oral.

133. a) En el proceso.

134. a) La cuestión de inconstitucionalidad.

135. c) Estado.

136. d) Tribunal Supremo.

137. c) Ministerio Fiscal.

138. d) Civiles.

139. a) No existe.

140. d) Ninguna de las respuestas anteriores es correcta.

141. a) Es posible.

142. c) Cuando se le requiera al efecto.

143. a) Prohibida.

144. d) Lo son todos ellos.

145. a) Uno o más Municipios.

146. c) Las Palmas.

147. b) Baleares.

148. a) Tribunal Militar Central.

149. b) Cinco años, contados desde la fecha de su constitución.

150. b) Veinte.

151. d) Todo lo anterior es cierto.

152. b) Provincial.

153. c) Civil.

154. c) Todo el territorio nacional.

155. b) Quinta.

156. d) Social.

157. b) Veintiuno.

158. a) Nombrar al Fiscal General del Estado.

159. c) Informa previamente.

160. a) Las Cortes Generales.

161. b) Secciones.

162. d) No existe como tal órgano.

163. a) Un Cuerpo único.

164. c) Imparcialidad y legalidad.

165. b) Debe ser oído por el Gobierno antes de su nombramiento.

166. b) Dependencia jerárquica.

167. d) 1997.

168. c) Dirección de la política.

169. c) Su mandato parlamentario.

170. a) Presidente del Gobierno de la Nación.

171. a) Presidente del Congreso de los Diputados.

172. b) Mayoría absoluta del Congreso de los Diputados.

173. c) Presidente del Congreso de los Diputados.

174. c) Aprueba su Proyecto de Ley.

175. b) Cooperación.

176. b) Mayoría absoluta de los miembros del Congreso de los Diputados.

177. d) No es posible esta medida.

178. b) Gobierno de la Nación.

179. d) Las respuestas a) y b) son correctas.

180. a) En caso de fuerza mayor.

TEST N.º 2

La Unión Europea: El Parlamento Europeo. El Consejo Europeo. El Consejo de la Unión Europea: competencias, estructura y funcionamiento. La Comisión Europea: composición, organización y funcionamiento. El Tribunal de Justicia. Las Fuentes del ordenamiento jurídico comunitario: el derecho originario y el derecho derivado

1. El Tribunal de Justicia de la Unión Europea comprenderá:

a) El Tribunal de Justicia, el Tribunal General y los tribunales especializados.
b) El Tribunal de Justicia y el Tribunal General.
c) El Tribunal de Justicia, el Tribunal General, los tribunales especializados y el Tribunal de Primera Instancia.
d) El Tribunal de Justicia y los tribunales especializados.

2. El Consejo está compuesto por:

a) Un representante de cada Estado miembro, de rango ministerial, facultado para comprometer al Gobierno del Estado miembro al que represente y para ejercer el derecho de voto.
b) Los Jefes de Estado o de Gobierno de los Estados miembros, así como por su Presidente y por el Presidente de la Comisión.
c) Los Jefes de Estado o de Gobierno de los países miembros.
d) Todas son falsas.

3. Excepto cuando los Tratados dispongan otra cosa, el Consejo se pronunciará por:

a) Mayoría simple.
b) Unanimidad.
c) Mayoría cualificada.
d) Mayoría simple y cualificada.

4. ¿Cuál es el órgano ejecutivo de la Unión Europea?

a) El Consejo.
b) El Consejo Europeo.
c) La Comisión.
d) El Presidente de la Comisión.

5. Los miembros de la Comisión son nombrados por:

a) El Parlamento.
b) El Parlamento y el Consejo Europeo de forma conjunta.
c) El Consejo Europeo, por mayoría cualificada.
d) El Consejo, por mayoría cualificada.

6. Señala la respuesta verdadera:

a) El Parlamento Europeo y el Consejo estarán asistidos por un Comité Económico y Social y por un Comité de las Regiones que ejercerán funciones consultivas.
b) El Parlamento Europeo, el Consejo y la Comisión estarán asistidos por un Comité Económico y Social y por un Comité de las Regiones que ejercerán funciones consultivas.
c) El Parlamento Europeo, el Consejo, la Comisión y el Tribunal de Justicia estarán asistidos por un Comité Económico y Social y por un Comité de las Regiones que ejercerán funciones consultivas.
d) Todas las respuestas son falsas.

7. El Parlamento Europeo:

a) Estará compuesto por representantes de los ciudadanos de la Unión.
b) La representación de los ciudadanos será decrecientemente proporcional, con un mínimo de seis diputados por Estado miembro.
c) No se asignará a ningún Estado miembro más de noventa y seis escaños.
d) Todas las respuestas son verdaderas.

8. Los Diputados al Parlamento Europeo serán elegidos para un mandato de:

a) Cuatro años.
b) Seis años.
c) Cinco años.
d) Todas son falsas.

9. El presupuesto anual de la UE es decidido (aprobado):

a) Conjuntamente por el Consejo y el Parlamento, por un procedimiento especial.
b) Por el Parlamento.

c) Por la Comisión.
d) Por la Comisión y el Parlamento, por un procedimiento ordinario.

10. El Coreper es:

a) La representación de cada miembro ante la UE.
b) Un órgano de la Comisión.
c) Un órgano del Parlamento.
d) La reunión de los miembros de la Comisión.

11. La Mesa del Parlamento tiene los siguientes Vicepresidentes:

a) 14.
b) 15.
c) 16.
d) 5.

12. La Comisión se designa para un periodo de:

a) 5 años.
b) 6 años.
c) 4 años.
d) El que determine el Parlamento.

13. La sede de la Comisión está en:

a) Estrasburgo.
b) Bruselas.
c) Luxemburgo.
d) París.

14. El mandato de los miembros de la Comisión será:

a) Renovable por una sola vez.
b) Renovable.
c) No será renovable.
d) Renovable cuando así lo determine el Parlamento.

15. Los acuerdos de la Comisión se adoptarán:

a) Por unanimidad.
b) Por mayoría cualificada.
c) Por 2/3 partes.
d) Por mayoría del número de miembros.

16. El Tribunal de Justicia de la Unión Europea tendrá su sede en:

a) Luxemburgo.
b) Bruselas.
c) Frankfurt.
d) La Haya.

17. El Presidente de la Comisión:

a) Definirá las orientaciones con arreglo a las cuales la Comisión desempeñará sus funciones.
b) Determinará la organización interna de la Comisión velando por la coherencia, eficacia y colegialidad de su actuación.
c) Nombrará Vicepresidentes, distintos del Alto Representante de la Unión para Asuntos Exteriores y Política de Seguridad, de entre los miembros de la Comisión.
d) Todas las respuestas son verdaderas.

18. Respecto a las elecciones al Parlamento Europeo, en España se ha optado porque:

a) La circunscripción electoral sea única para todo el territorio nacional.
b) La circunscripción electoral sea por Comunidades Autónomas.
c) La circunscripción electoral sea por provincias.
d) Todas las respuestas son falsas.

19. La Institución en la que están representados los intereses nacionales y por ello encarna el principio de la representación de los Estados en la Unión Europea, es:

a) El Consejo.
b) La Comisión.
c) El Parlamento.
d) Todas las respuestas son verdaderas.

20. En relación con la Comisión:

a) Solamente los nacionales de los Estados miembros podrán ser miembros de la Comisión.
b) Los miembros de la Comisión ejercerán sus funciones con absoluta independencia y en interés general de su país.
c) Los miembros de la Comisión podrán, mientras dure su mandato, ejercer actividades profesionales, retribuidas o no, solamente fuera de la Comunidad.
d) Todas las respuestas son verdaderas.

21. Respecto del Parlamento Europeo:

a) El periodo parcial de sesiones será la reunión que celebre el Parlamento, por regla general, cada mes. Este periodo se dividirá en sesiones.
b) La legislatura coincidirá con la duración del mandato de los diputados.
c) La duración del periodo de sesiones será de un año.
d) Todas las respuestas son verdaderas.

22. Señala la respuesta verdadera:

a) Todo miembro de la Comisión que deje de reunir las condiciones necesarias para el ejercicio de sus funciones o haya cometido una falta grave podrá ser cesado por el Tribunal de Justicia, a instancia del Consejo, por mayoría simple, o de la Comisión.
b) Todo miembro de la Comisión que deje de reunir las condiciones necesarias para el ejercicio de sus funciones o haya cometido una falta grave podrá ser cesado por el Tribunal, a instancia del Consejo, por mayoría simple, o de la Comisión.
c) Todo miembro de la Comisión que deje de reunir las condiciones necesarias para el ejercicio de sus funciones o haya cometido una falta grave podrá ser cesado por el Tribunal de Justicia, a instancia del Consejo, de la Comisión o del Parlamento.
d) Todas las respuestas son falsas.

23. El Tribunal de Justicia estará compuesto por:

a) Un juez por Estado miembro y 11 abogados generales.
b) Al menos un juez por Estado miembro y nueve abogados generales.
c) Al menos un juez por Estado miembro y los abogados generales rotarán por países.
d) Dos jueces por cada Estado miembro.

24. Las elecciones al Parlamento Europeo se celebran cada:

a) Seis años.
b) Cinco años.
c) Cuatro años.
d) Ocho años.

25.¿Qué país presidirá el Consejo en el segundo semestre de 2025?

a) Hungría.
b) Polonia.
c) Bélgica.
d) Francia.

26. Habrá quórum en el Parlamento cuando se encuentre reunida en el salón de sesiones:

a) La cuarta parte de los diputados que integran el Parlamento.
b) La quinta parte de los diputados que integran el Parlamento.

c) La mitad de los diputados que integran el Parlamento.
d) La tercera parte de los diputados que integran el Parlamento.

27. Serán necesarios para formar grupo parlamentario en el Parlamento Europeo:

a) 25 diputados, que representen al menos a una cuarta parte de los Estados miembros.
b) 25 diputados, que representen al menos a cinco Estados miembros.
c) 25 diputados, que representen al menos a una tercera parte de los Estados miembros.
d) 23 diputados, que representen al menos a una cuarta parte de los Estados miembros.

28. El Presidente del Parlamento Europeo tendrá un mandato de:

a) Tres años.
b) Dos años y medio, sin prórroga.
c) Cinco años, con prórroga.
d) Dos años y medio, prorrogable por otros dos años y medio.

29. No será Institución de la Comunidad:

a) El Consejo de la Unión Europea
b) El Tribunal de Justicia.
c) El Defensor del Pueblo.
d) Todas son Instituciones.

30. Fijar los sueldos, dietas y pensiones del Presidente del Consejo Europeo, del Presidente de la Comisión, del Alto Representante de la Unión para Asuntos Exteriores y Política de Seguridad, de los miembros de la Comisión, de los Presidentes, miembros y secretarios del Tribunal de Justicia de la Unión Europea y del Secretario General del Consejo corresponde al:

a) Parlamento.
b) Consejo.
c) Consejo Europeo.
d) Comisión.

31. El Parlamento:

a) Se reunirá con previa convocatoria el segundo martes de marzo.
b) Se reunirá sin necesidad de previa convocatoria el segundo martes de marzo.
c) Se reunirá la segunda semana de enero con previa convocatoria.
d) Se reunirá el 2 de enero de cada año.

32. En el Parlamento Europeo, las sesiones plenarias mensuales, a las que asisten todos los diputados, se celebran en:

a) Estrasburgo (Francia).
b) Bruselas (Bélgica).

c) Luxemburgo.

d) Holanda.

**33. Tendrá derecho a presentar al Parlamento Europeo, individualmente o aso-
ciado con otros ciudadanos o personas, una petición sobre un asunto propio de los
ámbitos de actuación de la Comunidad que le afecte directamente:**

a) Solamente los Estados miembros.

b) Cualquier ciudadano de la Unión, así como cualquier persona física o jurídica que
resida o tenga su domicilio social en un Estado miembro.

c) Exclusivamente cualquier ciudadano de la Unión.

d) Todas las respuestas son falsas.

**34. El Parlamento Europeo podrá tener, en su caso como máximo, los siguientes
Diputados:**

a) Su número no excederá de setecientos cincuenta, más el Presidente.

b) Su número no excederá de setecientos cincuenta y uno, más el Presidente.

c) Su número será de setecientos treinta y seis.

d) Su número no excederá de 720 en todo caso

**35. El Parlamento Europeo, en caso de que se le someta una moción de censura
sobre la gestión de la Comisión:**

a) Solo podrá pronunciarse sobre dicha moción transcurridos tres días desde la fecha
de su presentación y en votación pública.

b) Solo podrá pronunciarse sobre dicha moción transcurridos tres días como mínimo
desde la fecha de su presentación y en votación pública.

c) Solo podrá pronunciarse sobre dicha moción transcurridos cinco días como mínimo
desde la fecha de su presentación y en votación pública.

d) No se establece plazo.

36. Las Instituciones Comunitarias en sentido estricto son:

a) El Parlamento Europeo, el Consejo, la Comisión, el Tribunal de Justicia, el Comité de
las Regiones y el Comité Económico y Social.

b) El Parlamento Europeo, el Consejo, la Comisión, el Tribunal de Justicia y el Comité
de las Regiones.

c) El Parlamento Europeo, el Consejo, la Comisión, el Tribunal de Justicia y el Comité
Económico y Social.

d) El Parlamento Europeo, el Consejo, la Comisión, el Tribunal de Justicia, el Tribunal
de Cuentas, el Banco Central Europeo y el Consejo Europeo.

37. ¿Qué Institución de la Unión Europea está compuesta por un representante de cada Estado miembro de rango ministerial?

a) La Comisión.
b) El Consejo.
c) El Tribunal de Justicia.
d) El Comité Económico y Social.

38. Respecto de la moción de censura:

a) Si la moción de censura es aprobada por mayoría de dos tercios de los votos emitidos que representen, a su vez, la mayoría de los diputados que componen el Parlamento Europeo, los miembros de la Comisión deberán dimitir colectivamente de sus cargos y el Alto Representante de la Unión para Asuntos Exteriores y Política de Seguridad deberá dimitir del cargo que ejerce en la Comisión.

b) Si la moción de censura es aprobada por mayoría de dos tercios de los votos emitidos que representen, a su vez, la mayoría de los diputados que componen el Parlamento Europeo, los miembros de la Comisión deberán dimitir colectivamente de sus cargos, excepto el Alto Representante de la Unión para Asuntos Exteriores y Política de Seguridad.

c) Si la moción de censura es aprobada por mayoría de tres quintos de los votos emitidos que representen, a su vez, la mayoría de los diputados que componen el Parlamento Europeo, los miembros de la Comisión deberán dimitir colectivamente de sus cargos y el Alto Representante de la Unión para Asuntos Exteriores y Política de Seguridad deberá dimitir del cargo que ejerce en la Comisión.

d) Todas son falsas.

39. El número mínimo de Diputados al Parlamento por país será de:

a) Seis.
b) Cinco.
c) Cuatro.
d) Ocho.

40. El Consejo decidirá la organización de la Secretaría General por:

a) Unanimidad.
b) Mayoría simple.
c) Mayoría cualificada.
d) Consenso.

41. La mayoría cualificada en el Consejo, cuando actúe a instancias de la Comisión, se definirá:

a) Como un mínimo del 55 % de los miembros del Consejo que incluya al menos a quince de ellos, que represente a Estados miembros que reúnan como mínimo el 65 % de la población de la Unión.

b) Como un mínimo del 65 % de los miembros del Consejo que incluya al menos a quince de ellos, que represente a Estados miembros que reúnan como mínimo el 55 % de la población de la Unión.

c) Como un mínimo del 55 % de los miembros del Consejo que incluya al menos a quince de ellos, que represente a Estados miembros que reúnan como mínimo el 72 % de la población de la Unión.

d) Como un mínimo del 55 % de los miembros del Consejo que incluya al menos a diez de ellos, que represente a Estados miembros que reúnan como mínimo el 72 % de la población de la Unión.

42. Son formaciones de existencia necesaria en Consejo:

a) El Consejo de Asuntos Generales y el Consejo de Asuntos Exteriores.

b) El Consejo de Asuntos Generales, el Consejo de Asuntos Exteriores y el Consejo de Asuntos de Justicia e Interior.

c) El Consejo de Asuntos Generales, el Consejo de Asuntos Exteriores y el Consejo de Asuntos Económicos y Financieros.

d) El Consejo de Asuntos Generales y el ECOFIN.

43. Los Tratados establecen, respecto de la composición de la Comisión, que a partir del 1 de noviembre de 2014, la Comisión estará compuesta por:

a) Un número de miembros correspondiente a los tres quintos del número de Estados miembros, a menos que el Consejo Europeo decida por unanimidad modificar dicho número.

b) Un número de miembros correspondiente a los dos tercios del número de Estados miembros, a menos que el Consejo de la Unión Europea decida por unanimidad modificar dicho número.

c) Un número de miembros correspondiente a los dos tercios del número de Estados miembros, a menos que el Consejo Europeo decida por unanimidad modificar dicho número.

d) Un número de miembros correspondiente a los dos tercios del número de Estados miembros, a menos que el Parlamento Europeo decida por unanimidad modificar dicho número.

44. En el Consejo y cuando se vote por mayoría cualificada, para bloquear una decisión, son necesarios:

a) Al menos 4 países, que representen, como mínimo, al 35 % de la población total de la UE.

b) Al menos 3 países, que representen, como mínimo, al 35 % de la población total de la UE.

c) Al menos 4 países, que representen, como mínimo, al 55 % de la población total de la UE.

d) Al menos 4 países, que representen, como mínimo, al 65 % de la población total de la UE.

45. Los jueces elegirán de entre ellos al Presidente del Tribunal General por un periodo de:

a) Seis años no renovables.
b) Cinco años renovables.
c) Tres años y su mandato será renovable.
d) Cuatro años renovables.

46. La Presidencia del Consejo y las de sus distintas formaciones están asistidas por:

a) El Consejo Económico y Social.
b) El Parlamento.
c) Una Secretaría General
d) El Órgano Consultivo de la Unión Europea.

47. Señala la respuesta verdadera:

a) El Parlamento Europeo representa a los ciudadanos de la UE y es elegido directamente por ellos.
b) El Consejo de la Unión Europea representa a los Estados miembros individuales.
c) La Comisión Europea defiende los intereses de la Unión en conjunto.
d) Todas son verdaderas.

48. Señala la respuesta falsa:

a) La Comisión tendrá su sede en Bruselas, aunque algunos de sus servicios se establecerán en Luxemburgo.
b) El Tribunal de Justicia de la Unión Europea tendrá su sede en Luxemburgo.
c) El Tribunal de Cuentas tendrá su sede en Luxemburgo.
d) El Comité Económico y Social tendrá su sede en La Haya.

49. Cuando hablamos del Consejo nos estamos refiriendo:

a) Al Consejo de la Unión Europea.
b) Al Consejo Europeo.
c) Al Consejo de Europa.
d) Todas las respuestas son falsas.

50. En el Parlamento el periodo de sesiones será:

a) El primero de septiembre a diciembre y el segundo de febrero a junio.
b) El primero de enero a junio y el segundo de septiembre a diciembre.
c) La duración del periodo de sesiones será de un año.
d) De enero a octubre.

51. La Presidencia del Consejo de la Unión Europea:

a) Es rotatoria cada 6 meses.
b) Es de dos años y medio.
c) Será rotatoria solamente la del Consejo Europeo.
d) Será de un año.

52. La Presidencia de las formaciones del Consejo:

a) Será desempeñada por los representantes de los Estados miembros en el Consejo mediante un sistema de rotación igual.
b) Con excepción de la de Asuntos Exteriores, será desempeñada por los representantes de los Estados miembros en el Consejo mediante un sistema de rotación igual.
c) Será desempeñada por el presidente del Consejo Europeo.
d) Todas las respuestas son falsas.

53. En el Consejo es una formación de existencia obligatoria:

a) El Consejo de Asuntos Exteriores.
b) El Consejo de Asuntos Económicos y Financieros (ECOFIN).
c) El Consejo de Asuntos de Justicia e Interior, que reúne a los Ministros de Justicia o de Interior.
d) El Consejo de Empleo, Política Social, Salud y Consumidores.

54. Respecto a la Secretaría General del Consejo:

a) La Presidencia del Consejo y las de sus distintas formaciones están asistidas por la Secretaría General del Consejo, órgano administrativo y de gestión interna cuya dirección detenta un Secretario General, nombrado por el Consejo.
b) El Consejo decidirá por mayoría simple la organización de la Secretaría General.
c) El Consejo se pronunciará por mayoría simple en las cuestiones de procedimiento y para la aprobación de su reglamento interno.
d) Todas las respuestas son verdaderas.

55. El Consejo:

a) Por mayoría cualificada, podrá pedir a la Comisión que proceda a efectuar todos los estudios que él considere oportunos para la consecución de los objetivos comunes y que le someta las propuestas pertinentes. Si la Comisión no presenta propuesta alguna, comunicará las razones al Consejo.
b) Por mayoría simple, podrá pedir al Parlamento que proceda a efectuar todos los estudios que él considere oportunos para la consecución de los objetivos comunes y que le someta las propuestas pertinentes.

c) Podrá pedir a la Comisión que proceda a efectuar todos los estudios que él considere oportunos para la consecución de los objetivos comunes y que le someta las propuestas pertinentes. Si la Comisión no presenta propuesta alguna, comunicará las razones al Consejo.

d) Por mayoría simple, podrá pedir a la Comisión que proceda a efectuar todos los estudios que él considere oportunos para la consecución de los objetivos comunes y que le someta las propuestas pertinentes. Si la Comisión no presenta propuesta alguna, comunicará las razones al Consejo.

56. Los miembros de la Comisión serán elegidos en razón de su competencia general y de su compromiso europeo:

a) Será necesario haber ostentando el cargo de ministro en su país miembro.
b) Será necesario haber sido miembro del Parlamento Europeo.
c) De entre personalidades que ofrezcan plenas garantías de independencia.
d) De entre personalidades de cada Estado miembro que sean a su vez miembros del gobierno nacional de cada país.

57. A los vicepresidentes de la Comisión los nombra:

a) El Presidente.
b) El Consejo.
c) El Consejo Europeo.
d) La Comisión en pleno.

58. La Comisión será nombrada por:

a) El Parlamento.
b) El Consejo.
c) Conjuntamente por el Parlamento y el Consejo.
d) El Consejo Europeo, por mayoría cualificada.

59. De acuerdo con el TUE, las instituciones mantendrán entre sí:

a) Relaciones de coordinación.
b) Relaciones de cooperación.
c) Una coordinación y cooperación leal.
d) Una cooperación leal.

60. Las responsabilidades que incumben a la Comisión:

a) Vienen determinadas para cada Comisario en el Tratado de Lisboa.
b) Se las atribuye el Consejo.
c) Serán estructuradas y repartidas entre sus miembros por el Presidente.
d) Serán atribuidas de acuerdo con el reglamento interno de la Comisión.

61. Como regla general, la Institución que tiene la iniciativa legislativa es:

a) El Consejo.
b) La Comisión.
c) El Parlamento.
d) Todos ellos.

62. El número mínimo y máximo, respectivamente, de parlamentarios por país es de:

a) 5 y 96.
b) 6 y 99.
c) 6 y 96.
d) 6 y 98.

63. En el Parlamento Europeo los parlamentarios que no pertenecen a ningún grupo, se denominan:

a) No inscritos.
b) Grupo mixto.
c) Grupo europeo.
d) Todos deben pertenecer a un grupo parlamentario.

64. En el Parlamento Europeo en la actualidad existen los siguientes cuestores:

a) 4.
b) 5.
c) 6.
d) 7.

65. En el Parlamento existen o pueden existir:

a) Comisiones permanentes.
b) Comisiones especiales.
c) Comisiones de investigación.
d) Todas ellas.

66. Respecto a las peticiones al Parlamento las pueden presentar:

a) Cualquier ciudadano de la Unión, así como cualquier persona física o jurídica que resida o tenga su domicilio social en un Estado miembro, tendrá derecho a presentar al Parlamento Europeo, individualmente o asociado con otros ciudadanos o personas, una petición sobre un asunto propio de los ámbitos de actuación de la Unión que le afecte directamente.

b) Cualquier Estado, así como cualquier persona jurídica que resida o tenga su domicilio social en un Estado miembro, tendrá derecho a presentar al Parlamento Europeo, individualmente o asociado con otros ciudadanos o personas, una petición sobre un asunto propio de los ámbitos de actuación de la Unión que le afecte directamente.

c) Cualquier ciudadano de la Unión, así como cualquier persona física o jurídica que resida o tenga su domicilio social en un Estado miembro, tendrá derecho a presentar al Parlamento Europeo, exclusivamente de forma individual una petición sobre un asunto propio de los ámbitos de actuación de la Unión que le afecte directamente.

d) Cualquier Estado tendrá derecho a presentar al Parlamento Europeo una petición sobre un asunto propio de los ámbitos de actuación de la Unión que le afecte directamente.

67. Cuando el Consejo no actúe a propuesta de la Comisión o del Alto Representante de la Unión para Asuntos Exteriores y Política de Seguridad, la mayoría cualificada se definirá con:

a) Un mínimo del 72 % de los miembros del Consejo.
b) Un mínimo del 72 % de la población.
c) Un mínimo del 65 % de los miembros del Consejo.
d) Todas son falsas.

68. El Presidente, el Alto Representante de la Unión para Asuntos Exteriores y Política de Seguridad y los demás miembros de la Comisión se someterán colegiadamente al voto de aprobación de:

a) Parlamento Europeo.
b) Consejo Europeo.
c) Consejo.
d) Tribunal de Justicia.

69. El Parlamento Europeo tiene en la actualidad los siguientes Diputados:

a) 705, incluido el Presidente.
b) 750, incluido el Presidente
c) 750, más el Presidente
d) 720, incluido el Presidente

70. ¿Qué Tratado regula el mercado interior como una de las innovaciones más importantes, y que por ello va a permitir crear y desarrollar en un futuro el mercado único europeo, eliminando las barreras a las fronteras que existían hasta ese momento?

a) Lisboa.
b) Niza.
c) Ámsterdam.
d) Acta Única.

71. El Presidente del Tribunal de Justicia lo elige:

a) La Comisión.
b) El Consejo Europeo.
c) El Consejo de la Unión Europea.
d) Los jueces del Tribunal de Justicia.

72. Será miembro nato de la Comisión:

a) El Presidente del Consejo Europeo.
b) El Presidente del Consejo de la Unión Europea.
c) El Alto Representante de la Unión para Asuntos Exteriores y Política de Seguridad.
d) El Presidente del Parlamento Europeo.

73. En el Consejo de la Unión Europea en las votaciones por mayoría cualificada, las abstenciones cuentan:

a) Como abstenciones.
b) Como votos en contra.
c) Como votos a favor.
d) Todas son falsas.

74. ¿Cuántos miembros tiene el Tribunal General de la Unión Europea?

a) Uno por cada Estado.
b) Dos por cada Estado.
c) 49.
d) 47.

75. El Consejo Europeo está compuesto por:

a) Los Jefes de Estado o de Gobierno de los Estados miembros, así como por su Presidente y por el Presidente de la Comisión. Participará en sus trabajos el Alto Representante de la Unión para Asuntos Exteriores y Política de Seguridad.
b) Los Jefes de Estado o de Gobierno de los Estados miembros, así como por su Presidente. Participará en sus trabajos el Alto Representante de la Unión para Asuntos Exteriores y Política de Seguridad.
c) Los Jefes de Estado o de Gobierno de los Estados miembros y por el Presidente de la Comisión. Participará en sus trabajos el Alto Representante de la Unión para Asuntos Exteriores y Política de Seguridad.
d) Los Jefes de Estado o de Gobierno de los Estados miembros, así como por su Presidente y por el Presidente de la Comisión. También por el Alto Representante de la Unión para Asuntos Exteriores y Política de Seguridad.

76. El Parlamento Europeo en la actualidad:

a) Tiene 705 diputados
b) Tiene 720 diputados, incluido el Presidente,
c) Tiene 720 diputados, más el Presidente,
d) Tiene 722 diputados

77. Acerca del Presidente del Consejo Europeo diremos que:

a) Es una figura de nueva creación tras el Tratado de Lisboa.
b) Su mandato será de dos años y medio.
c) Su misión principal será garantizar la preparación y continuidad de su labor y favorecer el consenso entre los países miembros.
d) Todas las respuestas son verdaderas.

78. El Consejo Europeo se reunirá:

a) Una vez por semestre por convocatoria de su Presidente.
b) Dos veces por semestre por convocatoria de su Presidente.
c) Tres veces por semestre o a petición de su Presidente.
d) Todas son falsas.

79. ¿Qué Presidente tiene un mandato máximo de dos años y medio?

a) El de la Comisión.
b) El del Consejo de la Unión Europea.
c) El del Consejo Europeo.
d) Todos ellos

80. Cuál de las siguientes no es una formación del Consejo en la actualidad:

a) El Consejo de Empleo, Política Social, Salud y Consumidores.
b) El Consejo de Competitividad y Transparencia
c) El Consejo de Transportes, Telecomunicaciones y Energía.
d) El Consejo de Agricultura y Pesca.

81. Respecto del Consejo Europeo:

a) Es el órgano legislativo ordinario.
b) No ejercerá función legislativa alguna.
c) Normalmente, el Consejo Europeo se reúne en Estrasburgo.
d) Es una figura de nueva creación en el Tratado de Lisboa.

82. Los diputados al Parlamento Europeo serán elegidos por sufragio:

a) Universal, directo, libre y secreto.
b) Universal, directo y libre.
c) Universal, igual, directo, secreto y libre.
d) Universal, secreto y libre.

83. Cuando la situación lo exija, se convocará una reunión extraordinaria del Consejo Europeo por:

a) Su Presidente.
b) Cualquier Estado.
c) El Presidente de la Comisión.
d) El Presidente del Consejo de la Unión Europea.

84. El Presidente del Consejo Europeo:

a) Asumirá en exclusiva la representación exterior de la Unión en los asuntos de política exterior y de seguridad común.
b) No podrá ejercer mandato nacional alguno, salvo la de Ministro.
c) Su mandato será renovable por una sola vez.
d) Todas las respuestas son verdaderas.

85. Salvo que los Tratados dispongan otra cosa, el Consejo Europeo se pronunciará por:

a) Consenso.
b) Mayoría cualificada.
c) Unanimidad.
d) Mayoría simple.

86. Una Decisión es:

a) Un acto jurídico vinculante que solamente puede tener un ámbito de aplicación general
b) Un acto jurídico no vinculante que puede tener un ámbito de aplicación general o estar dirigido a un destinatario concreto.
c) Un acto jurídico vinculante que puede tener un ámbito de aplicación general o estar dirigido a un destinatario concreto.
d) Un acto jurídico vinculante que puede tener un ámbito de aplicación general o estar dirigido a un destinatario concreto, siendo en este caso únicamente los Estados miembros.

87. ¿Durante qué meses el Consejo celebra sus sesiones en Luxemburgo?

a) Abril, junio y octubre.
b) Abril, julio y octubre.

c) Abril, septiembre y diciembre.
d) Mayo, junio y octubre.

88.La actual Comisión tiene los siguientes Vicepresidentes:

a)6
b)4
c)5
d)7

89. Las Directivas:

a) No tienen efecto directo en ningún caso.
b) Tienen efecto directo en todo caso.
c) Si la directiva es clara y detallada puede generar derechos aunque no esté trans-puesta al Ordenamiento interno.
d) Si la directiva es clara y detallada puede generar derechos, pero tiene que estar ya transpuesta.

90. La composición del Parlamento Europeo se fijará:

a) Por el Consejo por unanimidad, a iniciativa del Parlamento y con su aprobación.
b) Por el Consejo Europeo por unanimidad, a iniciativa del Parlamento Europeo y con su aprobación.
c) Por la Comisión.
d) Por el Consejo Europeo por consenso, a iniciativa del Parlamento Europeo y con su aprobación.

91. ¿Qué Institución dará a la Unión los impulsos necesarios para su desarrollo y definirá sus orientaciones y prioridades políticas generales de la Unión Europea?

a) El Consejo.
b) La Comisión.
c) El Consejo Europeo.
d) El Parlamento.

92. ¿Qué Institución no tiene competencias legislativas?

a) El Parlamento.
b) El Consejo.
c) El Consejo Europeo.
d) Las tienen todas ellas.

93. ¿En qué caso se puede convocar una sesión extraordinaria al Consejo Europeo?

a) Cuando la situación lo exija.
b) Cuando exista urgencia.
c) Cuando lo requieran tres países miembros.
d) A propuesta del Consejo y de la Comisión.

94. ¿Qué Tratado se firma el 26 de febrero de 2001?

a) Lisboa.
b) Niza.
c) Ámsterdam.
d) Maastricht.

95. El Presidente del Consejo Europeo es elegido por:

a) El propio Consejo Europeo por mayoría cualificada por dos años y medio.
b) El propio Consejo Europeo por consenso por dos años y medio.
c) El propio Consejo Europeo por unanimidad por dos años y medio.
d) El Consejo de la Unión Europea por mayoría cualificada por dos años y medio.

96. De acuerdo con el artículo 15.6 del TUE, sin perjuicio de las atribuciones del Alto Representante de la Unión para Asuntos Exteriores y Política de Seguridad, ¿quién asumirá, de acuerdo con el TUE, en su rango y condición, la representación exterior de la Unión en los asuntos de política exterior y de seguridad común?

a) El Consejo Europeo.
b) El Presidente del Consejo Europeo.
c) El Presidente de la Comisión.
d) El Consejo.

97. ¿Qué formación del Consejo preparará las reuniones del Consejo Europeo?

a) El Consejo de Asuntos Generales.
b) El Consejo de Representantes Permanentes.
c) El Consejo de Política General.
d) El Consejo de Relaciones Generales.

98. El Consejo se divide en:

a) Formaciones.
b) Direcciones Generales.
c) Ministerios.
d) Secretarías Generales.

99. El Consejo se reunirá en público:

a) En todo caso.
b) Cuando delibere y vote sobre un proyecto de acto legislativo.
c) Para asuntos de política exterior.
d) En los asuntos que así lo acuerde el propio Consejo.

100. ¿Quién se encargará de preparar los trabajos del Consejo?

a) La Comisión.
b) Un Comité de Representantes Permanentes de los Gobiernos de los Estados miembros.
c) Un Consejo de Representantes Permanentes de los Gobiernos de los Estados miembros.
d) Los embajadores de los Estados miembros.

101. España tiene en la actualidad los siguientes Diputados al Parlamento Europeo:

a) 50.
b) 59.
c) 65.
d) 61.

102. ¿Qué Institución promoverá el interés general de la Unión y tomará las iniciativas adecuadas con este fin?

a) El Consejo.
b) El Consejo Europeo.
c) La Comisión.
d) El Parlamento.

103. El Tratado de Lisboa:

a) Modifica los dos textos fundamentales de la UE: el Tratado de la Unión Europea y el Tratado constitutivo de la Comunidad Europea.
b) El Tratado Constitutivo pasará a llamarse Tratado de Funcionamiento de la Unión Europea.
c) Entrará en vigor el 1 de diciembre de 2010
d) Las respuestas a) y b) son verdaderas.

104. Son normas de resultado y un instrumento para armonizar las legislaciones de los Estados miembros:

a) Reglamento.
b) Directivas.
c) Decisiones.
d) Todas son verdaderas.

105. Excepto cuando los Tratados dispongan otra cosa, los actos legislativos de la Unión solo podrán adoptarse a propuesta:

a) De la Comisión.
b) Del Parlamento.
c) Del Consejo.
d) Del Consejo Europeo.

106. ¿Qué Institución tiene una responsabilidad colegiada ante el Parlamento?

a) El Consejo.
b) El Consejo Europeo.
c) La Comisión.
d) Todos ellas.

107. Tendrá un alcance general, será obligatorio en todos sus elementos y directamente aplicable en cada Estado miembro:

a) Reglamento.
b) Directiva.
c) Decisiones.
d) Todas son verdaderas.

108. Son normas de resultado y un instrumento para armonizar las legislaciones de los Estados miembros:

a) Reglamento.
b) Directiva.
c) Decisiones.
d) Todas son verdaderas.

109. En España corresponderá transponer la Directiva:

a) Al Estado o a las Comunidades Autónomas de acuerdo con sus competencias, aunque el responsable del cumplimiento ante la CE será el Estado español.
b) Al Estado.
c) A las Comunidades Autónomas.
d) Al Estado, Comunidades Autónomas y Entidades Locales.

110. Señala la respuesta correcta:

a) La Decisión será obligatoria en todos sus elementos para todos sus destinatarios.
b) La Decisión tiene carácter limitado, puesto que aunque es obligatoria, no suele tener carácter general sino que va dirigida a destinatarios concretos.

c) La Decisión tiene destinatarios determinados, con la particularidad de que estos no son necesariamente Estados, sino que también pueden serlo los particulares.

d) Todas son verdaderas.

111. Las Recomendaciones y los Dictámenes:

a) Serán vinculantes.

b) No serán vinculantes.

c) Las Recomendaciones serán vinculantes y los Dictámenes nunca.

d) Las Recomendaciones nunca serán vinculantes y los Dictámenes serán vinculantes.

112. Desde un punto de vista material, un Reglamento equivaldría en la legislación nacional española a:

a) Una Ley.

b) Un Real Decreto.

c) Una Orden.

d) Cualquiera de ellos.

113. Que el Reglamento tiene alcance general significa que su ámbito de aplicación se extiende a:

a) Las Instituciones.

b) Estados miembros.

c) Personas físicas y jurídicas, cualquiera que sea su naturaleza y el ámbito de funciones.

d) Todas son verdaderas.

114. El Reglamento:

a) Prevalece sobre cualquier norma estatal, excepto a la Constitución.

b) Prevalece sobre cualquier norma estatal.

c) Como norma, no cabe alegarlo ante los Tribunales.

d) Todas son falsas.

115. La Directiva:

a) En principio no tiene efecto directo.

b) Tiene efecto directo.

c) No tiene carácter obligatorio.

d) Como norma no precisa de su transposición al derecho interno de cada Estado.

116. La Directiva:

a) Tiene alcance general.

b) Sus destinatarios son concretos.

c) Los destinatarios tienen que ser todos los Estados miembros a la vez

d) Son de aplicación en todo caso a todos los particulares residentes en la Unión.

117. El Derecho derivado que pueden dictar las Instituciones se denomina:

a) Reglamento.

b) Directivas.

c) Decisiones.

d) Todas son verdaderas.

Solución al test n.º 2

1. a) El Tribunal de Justicia, el Tribunal General y los tribunales especializados.

2. a) Un representante de cada Estado miembro, de rango ministerial, facultado para comprometer al Gobierno del Estado miembro al que represente y para ejercer el derecho de voto.

3. c) Mayoría cualificada.

4. c) La Comisión.

5. c) El Consejo Europeo, por mayoría cualificada.

6. b) El Parlamento Europeo, el Consejo y la Comisión estarán asistidos por un Comité Económico y Social y por un Comité de las Regiones que ejercerán funciones consultivas.

7. d) Todas las respuestas son verdaderas.

8. c) Cinco años.

9. a) Conjuntamente por el Consejo y el Parlamento, por un procedimiento especial.

10. a) La representación de cada miembro ante la UE.

11. a) 14.

12. a) 5 años.

13. b) Bruselas.

14. b) Renovable.

15. d) Por mayoría del número de miembros.

16. a) Luxemburgo.

17. d) Todas las respuestas son verdaderas.

18. a) La circunscripción electoral sea única para todo el territorio nacional.

19. a) El Consejo.

20. a) Solamente los nacionales de los Estados miembros podrán ser miembros de la Comisión.

21. d) Todas las respuestas son verdaderas.

22. a) Todo miembro de la Comisión que deje de reunir las condiciones necesarias para el ejercicio de sus funciones o haya cometido una falta grave podrá ser cesado por el Tribunal de Justicia, a instancia del Consejo, por mayoría simple, o de la Comisión.

23. a) Un juez por Estado miembro y 11 abogados generales.

24. b) Cinco años.

25. b) Polonia.

26. d) La tercera parte de los diputados que integran el Parlamento.

27. d) 23 diputados, que representen al menos a una cuarta parte de los Estados miembros.

28. d) Dos años y medio, prorrogable por otros dos años y medio.

29. c) El Defensor del Pueblo.

30. b) Consejo.

31. b) Se reunirá sin necesidad de previa convocatoria el segundo martes de marzo.

32. a) Estrasburgo (Francia).

33. b) Cualquier ciudadano de la Unión, así como cualquier persona física o jurídica que resida o tenga su domicilio social en un Estado miembro.

34. a) Su número no excederá de setecientos cincuenta, más el Presidente.

35. b) Solo podrá pronunciarse sobre dicha moción transcurridos tres días como mínimo desde la fecha de su presentación y en votación pública.

36. d) El Parlamento Europeo, el Consejo, la Comisión, el Tribunal de Justicia, el Tribunal de Cuentas, el Banco Central Europeo y el Consejo Europeo.

37. b) El Consejo.

38. a) Si la moción de censura es aprobada por mayoría de dos tercios de los votos emitidos que representen, a su vez, la mayoría de los diputados que componen el Parlamento Europeo, los miembros de la Comisión deberán dimitir colectivamente de sus cargos y el Alto Representante de la Unión para Asuntos Exteriores y Política de Seguridad deberá dimitir del cargo que ejerce en la Comisión.

39. a) Seis.

40. b) Mayoría simple.

41. a) Como un mínimo del 55 % de los miembros del Consejo que incluya al menos a quince de ellos, que represente a Estados miembros que reúnan como mínimo el 65 % de la población de la Unión.

42. a) El Consejo de Asuntos Generales y el Consejo de Asuntos Exteriores.

43. c) Un número de miembros correspondiente a los dos tercios del número de Estados miembros, a menos que el Consejo Europeo decida por unanimidad modificar dicho número.

44. a) Al menos 4 países, que representen, como mínimo, al 35 % de la población total de la UE.

45. c) Tres años y su mandato será renovable.

46. c) Una Secretaría General.

47. d) Todas son verdaderas.

48. d) El Comité Económico y Social tendrá su sede en La Haya.

49. a) Al Consejo de la Unión Europea.

50. c) La duración del periodo de sesiones será de un año.

51. a) Es rotatoria cada 6 meses.

52. b) Con excepción de la de Asuntos Exteriores, será desempeñada por los representantes de los Estados miembros en el Consejo mediante un sistema de rotación igual.

53. a) El Consejo de Asuntos Exteriores.

54. d) Todas las respuestas son verdaderas.

55. d) Por mayoría simple, podrá pedir a la Comisión que proceda a efectuar todos los estudios que él considere oportunos para la consecución de los objetivos comunes y que le someta las propuestas pertinentes. Si la Comisión no presenta propuesta alguna, comunicará las razones al Consejo.

56. c) De entre personalidades que ofrezcan plenas garantías de independencia.

57. a) El Presidente.

58. d) El Consejo Europeo, por mayoría cualificada.

59. d) Una cooperación leal.

60. c) Serán estructuradas y repartidas entre sus miembros por el Presidente.

61. b) La Comisión.

62. c) 6 y 96.

63. a) No inscritos.

64. b) 5.

65. d) Todas ellas.

66. a) Cualquier ciudadano de la Unión, así como cualquier persona física o jurídica que resida o tenga su domicilio social en un Estado miembro, tendrá derecho a presentar al Parlamento Europeo, individualmente o asociado con otros ciudadanos o personas, una petición sobre un asunto propio de los ámbitos de actuación de la Unión que le afecte directamente.

67. a) Un mínimo del 72 % de los miembros del Consejo.

68. a) Parlamento Europeo.

69. d) 720, incluido el Presidente

70. d) Acta Única.

71. d) Los jueces del Tribunal de Justicia.

72. c) El Alto Representante de la Unión para Asuntos Exteriores y Política de Seguridad.

73. b) Como votos en contra.

74. b) Dos por cada Estado.

75. a) Los Jefes de Estado o de Gobierno de los Estados miembros, así como por su Presidente y por el Presidente de la Comisión. Participará en sus trabajos el Alto Representante de la Unión para Asuntos Exteriores y Política de Seguridad.

76. b) Tiene 720 diputados, incluido el Presidente,

77. d) Todas las respuestas son verdaderas.

78. b) Dos veces por semestre por convocatoria de su Presidente.

79. c) El del Consejo Europeo.

80. b)El Consejo de Competitividad y Transparencia

81. b) No ejercerá función legislativa alguna.

82. a) Universal, directo, libre y secreto.

83. a) Su Presidente.

84. c) Su mandato será renovable por una sola vez.

85. a) Consenso.

86. c) Un acto jurídico vinculante que puede tener un ámbito de aplicación general o estar dirigido a un destinatario concreto.

87. a) Abril, junio y octubre.

88. a)6

89. c) Si la directiva es clara y detallada puede generar derechos aunque no esté transpuesta al Ordenamiento interno.

90. b) Por el Consejo Europeo por unanimidad, a iniciativa del Parlamento Europeo y con su aprobación.

91. c) El Consejo Europeo.

92. c) El Consejo Europeo.

93. a) Cuando la situación lo exija.

94. b) Niza.

95. a) El propio Consejo Europeo por mayoría cualificada por dos años y medio.

96. b) El Presidente del Consejo Europeo.

97. a) El Consejo de Asuntos Generales.

98. a) Formaciones.

99. b) Cuando delibere y vote sobre un proyecto de acto legislativo.

100. b) Un Comité de Representantes Permanentes de los Gobiernos de los Estados miembros.

101. d) 61.

102. c) La Comisión.

103. d) Las respuestas a) y b) son verdaderas.

104. b) Directivas.

105. a) De la Comisión.

106. c) La Comisión.

107. a) Reglamento.

108. b) Directiva.

109. a) Al Estado o a las Comunidades Autónomas de acuerdo con sus competencias, aunque el responsable del cumplimiento ante la CE será el Estado español.

110. d) Todas son verdaderas.

111. b) No serán vinculantes.

112. a) Una Ley.

113. d) Todas son verdaderas.

114. b) Prevalece sobre cualquier norma estatal.

115. a) En principio no tiene efecto directo.

116. b) Sus destinatarios son concretos.

117. d) Todas son verdaderas.

TEST N.º 3

La Ley Orgánica de Reintegración y Amejoramiento del Régimen Foral de Navarra: naturaleza y significado. El Título Preliminar. Las competencias de Navarra

1. La Ley Orgánica de Reintegración y Amejoramiento del Régimen Foral de Navarra fue sancionada por el Rey el día:

a) 26 de enero de 1979.
b) 13 de octubre de 1968.
c) 10 de agosto de 1982.
d) 8 de marzo de 1982.

2. La LORAFNA es de naturaleza:

a) Pactada.
b) Unilateral.
c) Paccionada.
d) Las respuestas a) y c) son ciertas.

3. ¿Cómo se denomina el Título III de la LORAFNA?

a) Facultades y competencias de Navarra.
b) De la Reforma.
c) De las Instituciones Forales de Navarra.
d) Disposiciones Generales.

4. De acuerdo con el artículo 1 de la LORAFNA, Navarra constituye:

a) Una Provincia Foral.
b) Un Reino Foral.
c) Una Comunidad Foral.
d) Una Comunidad federal.

5. La Ley Orgánica de Reintegración y Amejoramiento del Régimen Foral de Navarra es de:

a) 11 de abril de 1983.
b) 10 de agosto de 1982.
c) 1 de marzo de 1973.
d) 16 de agosto de 1841.

6. A los efectos de la Ley Orgánica 13/1982, ostentarán la condición política de navarros:

a) Los extranjeros que tengan la vecindad administrativa en cualquiera de los municipios de Navarra.
b) Los españoles que tengan la vecindad administrativa en cualquiera de los municipios de Navarra.
c) Los españoles residentes en el extranjero que hayan tenido en Navarra su última vecindad administrativa.
d) Las tres opciones anteriores son ciertas.

7. Conforme a la LORAFNA, los navarros tendrán:

a) Distintos derechos, libertades y deberes fundamentales que los demás españoles.
b) Los mismos derechos, libertades y deberes fundamentales que los demás españoles.
c) Los mismos derechos y libertades fundamentales que los demás españoles, pero distintos deberes fundamentales.
d) Los mismos deberes fundamentales, pero distintos derechos y libertades fundamentales.

8. De acuerdo con la LORAFNA, los derechos originarios e históricos de la Comunidad Foral de Navarra serán respetados y amparados por los poderes públicos con arreglo a:

a) La Ley de 25 de octubre de 1839, la Ley Paccionada de 16 de agosto de 1841 y disposiciones complementarias.
b) La Ley Orgánica 13/1982, de 10 de agosto.
c) La Constitución Española de 1978 de conformidad con lo previsto en el párrafo primero de su disposición adicional primera.
d) Las tres opciones anteriores son ciertas.

9. El Amejoramiento, en los términos de la Ley Orgánica 13/1982, tiene por objeto integrar en el Régimen Foral de Navarra todas aquellas facultades y competencias compatibles con:

a) La unidad constitucional.
b) La voluntad constitucional.

c) La voluntad consuetudinaria.
d) La unidad foral.

10. ¿Cuántos artículos tiene la LORAFNA?

a) 61.
b) 77.
c) 81.
d) 70.

11. El Título de la LORAFNA «Facultades y competencias de Navarra» va después del Título:

a) De la Reforma.
b) De las Instituciones Forales de Navarra.
c) Facultades y competencias del Estado.
d) Disposiciones Generales.

12. Conforme a la LORAFNA, el vascuence:

a) No tendrá carácter de lengua oficial en ninguna zona de Navarra.
b) Tendrá carácter de lengua oficial en toda Navarra.
c) Tendrá carácter de lengua oficial en las zonas vascoparlantes de Navarra.
d) Es la lengua oficial de Navarra.

13. ¿Entre qué años discurrió el proceso de elaboración de la LORAFNA?

a) 1975-1978.
b) 1979-1982.
c) 1980-1981.
d) 1977-1982.

14. En toda Navarra:

a) El castellano es la lengua oficial.
b) El vascuence tendrá carácter de lengua oficial.
c) El vascuence tendrá carácter de lengua cooficial.
d) Las respuestas a) y c) son ciertas.

15. El territorio de la Comunidad Foral de Navarra está integrado por el de los municipios comprendidos en sus Merindades históricas en el momento de promulgarse la LORAFNA, de:

a) Pamplona, Estella, Tudela, Tafalla y Sangüesa.
b) Pamplona, Estella, Tudela, Sangüesa y Olite.

c) Pamplona, Tudela, Sangüesa y Olite.
d) Pamplona, Tudela, Estella, Sangüesa y Viana.

16. El Amejoramiento del Fuero:

a) Tiene Título Preliminar y 2 Títulos más.
b) Tiene Título Preliminar y 3 Títulos más.
c) Tiene Título Preliminar y 4 Títulos más.
d) No tiene Título Preliminar.

17. El Título Preliminar del Amejoramiento del Fuero es el relativo a:

a) Las Instituciones Forales de Navarra.
b) Las Facultades y Competencias de Navarra.
c) Sus Disposiciones Generales.
d) Su Reforma.

18. Se dice que Navarra constituye una Comunidad Foral en:

a) El artículo 1 de la Constitución Española.
b) La Disposición Adicional Primera de la Constitución Española.
c) El artículo 1 de la LORAFNA.
d) La Disposición Adicional Primera de la LORAFNA.

19. Navarra constituye una Comunidad Foral con:

a) Régimen propio.
b) Autonomía.
c) Instituciones propias.
d) Las tres opciones anteriores son ciertas.

20. El Título "De la reforma" de la LORAFNA:

a) Es el siguiente al Título Preliminar.
b) Es el siguiente al Título "Competencias y facultades de Navarra".
c) Es el anterior al Título "Competencias y facultades de Navarra".
d) Es el anterior al Título "De las Instituciones forales de Navarra".

21. La Ley Orgánica 13/1982 es de naturaleza:

a) Impositiva por el Estado.
b) Impositiva por Navarra.
c) Paccionada entre el Estado y Navarra.
d) Ninguna de las opciones anteriores es cierta.

22. El vascuence tendrá carácter de lengua oficial en:

a) La Zona Sur de Navarra.
b) La Zona Media de Navarra.
c) Las zonas vascoparlantes de Navarra.
d) Toda Navarra.

23. ¿Con qué norma se inició el proceso de reintegración y amejoramiento del régimen foral de Navarra?

a) Con la Ley de 1 de marzo de 1973.
b) Con la Constitución Española de 1978.
c) Con el Real Decreto de 26 de enero de 1979.
d) Con la Ley Orgánica 13/1982, de 10 de agosto.

24. A los efectos de la LORAFNA, ostentarán la condición política de navarros los españoles que, de acuerdo con las leyes generales del Estado, tengan:

a) La condición civil foral navarra.
b) La condición civil foral o la vecindad administrativa navarra.
c) La condición civil foral y la vecindad administrativa navarra.
d) La vecindad administrativa en cualquiera de los municipios de Navarra.

25. Según el artículo 1 de la Ley Orgánica 13/1982, Navarra constituye una Comunidad Foral:

a) Con instituciones compartidas con el Estado.
b) Solidaria con sus pueblos más desfavorecidos.
c) Integrada en la Unión Europea.
d) Indivisible.

26. No corresponde a la Comunidad Foral, en las materias que son competencia exclusiva de Navarra, una de las siguientes potestades:

a) Legislativa.
b) Reglamentaria.
c) Administrativa, incluida la inspección.
d) Revisora en la vía judicial.

27. En virtud de su régimen foral, la actividad tributaria y financiera de Navarra se regulará por el sistema tradicional de:

a) El Convenio Exclusivo.
b) El Convenio Económico.

c) El Convenio Colectivo.
d) El Acuerdo Económico.

28. En virtud de su régimen foral, corresponde a Navarra la competencia exclusiva sobre:

a) Régimen jurídico de la Diputación Foral.
b) Régimen estatutario de los funcionarios públicos de la Comunidad Foral, respetando los derechos y obligaciones esenciales que la legislación básica del Estado reconozca a los funcionarios públicos.
c) Normas de procedimiento administrativo que se deriven de las especialidades del Derecho sustantivo o de la organización propios de Navarra.
d) Las tres opciones anteriores son ciertas.

29. Dirigirá la Administración del Estado en Navarra y la coordinará, cuando proceda, con la Administración Foral:

a) El Defensor del Pueblo.
b) El Presidente del Gobierno de Navarra.
c) Un delegado nombrado por el Gobierno de Navarra.
d) Un delegado nombrado por el Gobierno de la Nación.

30. La competencia de los órganos jurisdiccionales radicados en Navarra se extiende a todas las instancias y grados en:

a) El orden civil.
b) El orden penal.
c) El orden social.
d) Las tres respuestas anteriores son ciertas.

31. En Navarra existe actualmente:

a) Un Tribunal Supremo.
b) Un Consejo Real.
c) Un Tribunal Superior de Justicia.
d) Las respuestas a) y c) son ciertas.

32. Un Delegado nombrado por el Gobierno de la Nación:

a) Dirigirá la Administración del Estado en Navarra.
b) Dirigirá la Administración Foral de Navarra.
c) Coordinará, cuando proceda, la Administración del Estado con la Administración Foral.
d) Las opciones a) y c) son ciertas.

33. En las materias que sean competencia exclusiva de Navarra, corresponde a la Comunidad Foral la potestad:

a) Administrativa y revisora en la vía administrativa, exclusivamente.
b) Reglamentaria, exclusivamente.
c) De desarrollo legislativo, pero no la legislativa.
d) Legislativa.

34. En defecto de Derecho navarro, en las materias de competencia exclusiva de la Comunidad Foral se aplicará supletoriamente:

a) El Derecho del Estado.
b) El Derecho Comunitario.
c) El Derecho Internacional.
d) Las tres opciones anteriores son ciertas.

35. El régimen estatutario de los funcionarios públicos de la Comunidad Foral de Navarra:

a) Es competencia exclusiva del Estado.
b) Es competencia exclusiva de Navarra, respetando los derechos y obligaciones esenciales que la legislación básica del Estado reconozca a los funcionarios públicos.
c) Es competencia exclusiva de Navarra, respetando todos los derechos y obligaciones que la legislación básica del Estado reconozca a los funcionarios públicos.
d) Es competencia exclusiva de Navarra e independiente de la legislación básica del Estado sobre los funcionarios públicos.

36. En las materias que sean competencia exclusiva de Navarra, corresponde a la Comunidad Foral:

a) La potestad legislativa, pero no la reglamentaria.
b) La potestad de desarrollo legislativo, pero no la legislativa.
c) La potestad reglamentaria, pero no la legislativa.
d) La potestad legislativa.

Solución al test n.º 3

1. c) 10 de agosto de 1982.

2. d) Las respuestas a) y c) son ciertas.

3. b) De la Reforma.

4. c) Una Comunidad Foral.

5. b) 10 de agosto de 1982.

6. b) Los españoles que tengan la vecindad administrativa en cualquiera de los municipios de Navarra.

7. b) Los mismos derechos, libertades y deberes fundamentales que los demás españoles.

8. d) Las tres opciones anteriores son ciertas.

9. a) La unidad constitucional.

10. b) 77.

11. b) De las Instituciones Forales de Navarra.

12. c) Tendrá carácter de lengua oficial en las zonas vascoparlantes de Navarra.

13. b) 1979-1982.

14. a) El castellano es la lengua oficial.

15. b) Pamplona, Estella, Tudela, Sangüesa y Olite.

16. b) Tiene Título Preliminar y 3 Títulos más.

17. c) Sus Disposiciones Generales.

18. c) El artículo 1 de la LORAFNA.

19. d) Las tres opciones anteriores son ciertas.

20. b) Es el siguiente al Título "Competencias y facultades de Navarra".

21. c) Paccionada entre el Estado y Navarra.

22. c) Las zonas vascoparlantes de Navarra.

23. c) Con el Real Decreto de 26 de enero de 1979.

24. d) La vecindad administrativa en cualquiera de los municipios de Navarra.

25. d) Indivisible.

26. d) Revisora en la vía judicial.

27. b) El Convenio Económico.

28. d) Las tres opciones anteriores son ciertas.

29. d) Un delegado nombrado por el Gobierno de la Nación.

30. a) El orden civil.

31. c) Un Tribunal Superior de Justicia.

32. d) Las opciones a) y c) son ciertas.

33 d) Legislativa.

34. a) El Derecho del Estado.

35. b) Es competencia exclusiva de Navarra, respetando los derechos y obligaciones esenciales que la legislación básica del Estado reconozca a los funcionarios públicos.

36. d) La potestad legislativa.

TEST N.º 4

El Parlamento o Cortes de Navarra: composición, organización y funciones. La Cámara de Comptos de Navarra: ámbito de competencia, funciones y órganos. El Defensor del Pueblo de la Comunidad Foral de Navarra: funciones, procedimiento y resoluciones

1. El Parlamento de Navarra:

a) Representa al pueblo navarro.
b) Ejerce la potestad legislativa.
c) Aprueba los Presupuestos y las Cuentas de Navarra.
d) Las tres respuestas anteriores son ciertas.

2. No es función del Parlamento de Navarra:

a) Impulsar y controlar la acción de la Diputación Foral.
b) Designar a los Senadores que correspondan a Navarra como Comunidad Foral.
c) Elaborar los Presupuestos Generales de Navarra.
d) Aprobar los Presupuestos Generales de Navarra.

3. La reforma del Reglamento del Parlamento de Navarra precisa, en la votación final sobre el conjunto del proyecto, el voto favorable de:

a) La mayoría absoluta de los miembros del Gobierno de Navarra.
b) La mayoría simple de los miembros del Gobierno de Navarra.
c) La mayoría absoluta de los miembros del Parlamento.
d) La mayoría simple de los miembros del Parlamento.

4. No es función del Parlamento de Navarra:

a) Establecer su Reglamento.
b) Aprobar sus Presupuestos.
c) Elegir, de entre sus miembros, un Presidente.
d) Ejercer la potestad legislativa delegada y la autorización para refundir textos legales.

5. El Parlamento de Navarra funciona:

a) En Pleno y Cámaras.
b) En Pleno y Mesas.
c) Sólo en Pleno.
d) En Pleno y Comisiones.

6. El Parlamento elegirá, de entre sus miembros:

a) Un Presidente, una Mesa y una Comisión Plenaria.
b) Un Presidente, una Mesa y una Comisión Permanente.
c) Un Presidente, una Mesa Permanente y una Comisión Plenaria.
d) Un Presidente, una Mesa y una Comisión de Letrados.

7. El Parlamento de Navarra se reunirá anualmente en:

a) Dos períodos de sesiones ordinarias, que serán fijados en una Ley Foral.
b) Dos períodos de sesiones ordinarias, que serán fijados en su Reglamento.
c) Tres períodos de sesiones ordinarias, que serán fijados en una Ley Foral.
d) Cuatro períodos de sesiones ordinarias, que serán fijados en su Reglamento.

8. El Parlamento de Navarra podrá reunirse en sesiones extraordinarias que habrán de ser convocadas por su Presidente, a petición de:

a) Un grupo parlamentario.
b) Una sexta parte de los parlamentarios.
c) Una quinta parte de los parlamentarios.
d) La Cámara de Comptos.

9. Corresponde al Parlamento de Navarra:

a) La elaboración de los Presupuestos Generales de Navarra.
b) La formalización de las Cuentas Generales de Navarra.
c) La aprobación de los Presupuestos Generales de Navarra.
d) El ejercicio de la potestad legislativa delegada.

10. El Parlamento de Navarra:

a) Ejerce la función ejecutiva.
b) Ejerce la función ejecutiva y legislativa.
c) Ejerce la función legislativa y judicial.
d) Ejerce la potestad legislativa.

11. La Cámara de Comptos:

a) Depende orgánicamente del Parlamento de Navarra.
b) Depende orgánicamente de la Diputación Foral de Navarra.
c) Depende orgánicamente del Tribunal de Cuentas.
d) Es independiente orgánicamente.

12. El Texto Refundido del Reglamento del Parlamento de Navarra actualmente en vigor fue aprobado en el año:

a) 2001.
b) 2023.
c) 2007.
d) 2011.

13. Las Instituciones Forales de Navarra están recogidas, dentro de la Ley Orgánica 13/1982, en el Título:

a) Segundo.
b) Preliminar.
c) Primero.
d) Tercero.

14. El artículo 10 del Amejoramiento del Fuero afirma que es Institución Foral de Navarra:

a) El Presidente de la Comunidad Foral de Navarra.
b) El Presidente del Parlamento de Navarra.
c) El Presidente de la Cámara de Comptos.
d) El Defensor del Pueblo de la Comunidad Foral de Navarra.

15. Los Presupuestos Generales de Navarra se aprobarán mediante:

a) Orden Foral.
b) Decreto Foral.
c) Ley Foral.
d) Ley Orgánica.

16. Las normas del Parlamento de Navarra:

a) Se aprobarán siempre por mayoría simple.
b) Se aprobarán siempre por mayoría absoluta.
c) Se denominarán Decretos forales.
d) Se denominarán Leyes Forales.

17. Compete al Parlamento de Navarra:

a) La elaboración de los Presupuestos de Navarra.
b) La formalización de las Cuentas de Navarra.
c) La designación de los Senadores que pudieran corresponder a Navarra como Comunidad Foral.
d) El ejercicio de la potestad legislativa delegada.

18. La votación final sobre el conjunto del proyecto de reforma del Reglamento del Parlamento de Navarra precisa el voto favorable de:

a) La mayoría simple de los miembros del Parlamento.
b) La mayoría simple de los asistentes al Parlamento.
c) La mayoría absoluta de los miembros del Parlamento.
d) La mayoría absoluta de los asistentes al Parlamento.

19. Entre las Instituciones Forales de Navarra enumeradas en el art. 10 de la LORAFNA, está:

a) El Consejo de Navarra.
b) El Defensor del Pueblo de la Comunidad Foral.
c) La Cámara de Comptos.
d) El Presidente de la Comunidad Foral de Navarra.

20. El Defensor del Pueblo de la Comunidad Foral de Navarra:

a) Presentará al Gobierno de Navarra un Informe anual sobre gestión realizada.
b) Es alto comisionado del Gobierno de Navarra.
c) Es designado por el Defensor del Pueblo de la Nación.
d) Podrá estar auxiliado por un Adjunto.

21. Crea y regula la institución del Defensor del Pueblo de la Comunidad Foral de Navarra:

a) La Ley Foral 4/2000, de 3 de julio.
a) La Ley Foral 8/1999, de 16 de marzo.
c) La Ley Orgánica 13/1982, de 10 de agosto.
d) La Ley Foral 19/1984, de 20 de diciembre.

22. La Cámara de Comptos tiene como función propia:

a) Controlar las cuentas y la gestión económica del sector público de Navarra.
b) Asesorar a los ciudadanos en materias económico-financieras.
c) Controlar las cuentas del sector privado de Navarra.
d) Controlar la acción del Gobierno de Navarra.

23. De acuerdo con la Ley Foral 4/2000, cuenta como función primordial la de salvaguardar a los ciudadanos y ciudadanas frente a los posibles abusos y negligencias de la Administración:

a) La Cámara de Comptos.
b) El Tribunal Superior de Justicia de Navarra.
c) El Parlamento de Navarra.
d) El Defensor del Pueblo de la Comunidad Foral de Navarra.

24. La Cámara de Comptos propiamente es un órgano:

a) Legislativo.
b) Fiscalizador.
c) Ejecutivo.
d) Las opciones a) y b) son ciertas.

25. Dentro de los órganos de la Cámara de Comptos no se encuentra a:

a) Los Auditores.
b) Los Consejeros forales.
c) La Secretaría General.
d) El Presidente.

26. Tiene como función propia asesorar al Parlamento de Navarra en materias económico-financieras:

a) El Consejo de Navarra.
b) El Tribunal de Cuentas.
c) El Gobierno de Navarra.
d) La Cámara de Comptos

27. La Cámara de Comptos de Navarra es:

a) Un órgano técnico dependiente del Parlamento de Navarra.
b) El órgano fiscalizador de la gestión económica y financiera del sector público de la Comunidad Foral.
c) El órgano que aprueba los Presupuestos del Parlamento de Navarra.
d) Las opciones a) y b) son ciertas.

28. La Cámara de Comptos tendrá como funciones propias:

a) Controlar las cuentas y la gestión económica del sector público de Navarra.
b) Controlar al Gobierno de Navarra y asesorar en materias económicas a su Presidente.
c) Asesorar al Parlamento en materias económico-financieras.
d) Las opciones a) y c) son ciertas.

29. La Cámara de Comptos tiene como función propia:

a) Asesorar al Gobierno de Navarra en materias económico-financieras.

b) Controlar las cuentas del sector público de Navarra.

c) Controlar la gestión económica del sector privado de Navarra.

d) Las opciones a) y b) son ciertas.

30. La Cámara de Comptos:

a) Estará facultada para exigir, en el ejercicio de las funciones de control y fiscalización, de cuantos Organismos y Entidades integren el sector público navarro, los datos necesarios para el desarrollo de sus funciones.

b) Estará facultada, en el ejercicio de las funciones de control y fiscalización, para inspeccionar y comprobar toda la documentación de las oficinas públicas, en cuanto estimase necesario para el desarrollo de sus funciones.

c) Estará facultada, en el ejercicio de su función fiscalizadora, para proponer y recomendar las medidas que considere oportuno adoptar para la mejora del control del sector público de la Comunidad Foral.

d) Las tres opciones anteriores son ciertas.

31. Podrá dirigirse al Defensor del Pueblo de la Comunidad Foral de Navarra:

a) Toda persona natural que invoque un interés legítimo y goce de la condición política navarra.

b) Toda persona natural que invoque un interés legítimo, sea mayor de edad y tenga capacidad legal.

c) Toda persona natural que invoque un interés legítimo, sea mayor de edad y no tenga relación especial de sujeción o dependencia de una Administración o poder público.

d) Toda persona, natural o jurídica, que invoque un interés legítimo, sin restricción alguna.

32. Cuando el Defensor del Pueblo de la Comunidad Foral de Navarra, en razón del ejercicio de las funciones propias de su cargo, tenga conocimiento de una conducta o hechos presuntamente delictivos, lo pondrá en inmediato conocimiento:

a) Del Presidente del Parlamento de Navarra.

c) De la Presidenta o Presidente del Gobierno de Navarra.

d) Del Presidente del Tribunal Superior de Justicia de Navarra.

d) Del Ministerio Fiscal.

33. ¿Están obligados los poderes públicos y organismos de la Comunidad Foral a auxiliar al Defensor del Pueblo de la Comunidad Foral de Navarra en sus investigaciones e inspecciones?

a) No.

b) No, salvo en algunas excepciones.

c) Sí, con carácter preferente y urgente.

d) Sí, pero no con carácter urgente.

34. ¿El Defensor del Pueblo de Navarra puede llegar a imponer multas coercitivas a Administraciones o entidades que, en el ejercicio de sus funciones, no remitan la documentación requerida por él, aunque hayan sido apercibidas para que lo hagan en el plazo de diez días?

a) No.

b) Sí, de 3.000 euros.

c) Sí, de 1.500 euros.

d) Sí, de 1.000 euros.

35. Admitida una queja por el Defensor del Pueblo de la Comunidad Foral de Navarra y tras promover la oportuna investigación sumaria e informal para el esclarecimiento de los supuestos de la misma, ¿en qué plazo dará cuenta del contenido sustancial de la solicitud al organismo o a la dependencia administrativa procedente, con el fin de que por su jefe o un superior, se remita informe escrito, declaración o documentación?

a) 10 días.

b) 15 días.

c) 20 días.

d) Un mes.

36. De acuerdo con la Ley Foral de la Cámara de Comptos de Navarra, ¿qué tipo de control tendrá como finalidad determinar el grado en que se hayan conseguido los objetivos previstos, analizando las posibles desviaciones que se hayan podido producir y las causas que las originen?

a) El de economía.

b) El de eficiencia.

c) El de eficacia.

d) El de legalidad.

37. El Presidente de la Cámara de Comptos será nombrado:

a) Por el Gobierno de Navarra por un período de cuatro años.

b) Por el Gobierno de Navarra por un período de cinco años.

c) Por el Parlamento de Navarra por un período de cinco años.

d) Por el Parlamento de Navarra por un período de seis años.

38. ¿Cuál de las siguientes funciones es, previa audiencia de los Auditores, del Presidente de la Cámara de Comptos?

a) Realizar el control de las cuentas y la gestión económica del sector público de la Comunidad Foral.

b) Elaborar el presupuesto anual de la Cámara.

c) Aprobar el programa anual de fiscalización a desarrollar por la Cámara.
d) Presentar al Parlamento la memoria anual de las actividades de la Cámara.

39. Es falso que, entre los órganos de la Cámara de Comptos, esté/n:

a) Los Auditores.
b) Los Consejeros forales.
c) La Secretaría General.
d) El Presidente.

Solución al test n.º 4

1. d) Las tres respuestas anteriores son ciertas.

2. c) Elaborar los Presupuestos Generales de Navarra.

3. c) La mayoría absoluta de los miembros del Parlamento.

4. d) Ejercer la potestad legislativa delegada y de la autorización para refundir textos legales.

5. d) En Pleno y Comisiones.

6. b) Un Presidente, una Mesa y una Comisión Permanente.

7. b) Dos períodos de sesiones ordinarias, que serán fijados en su Reglamento.

8. c) Una quinta parte de los parlamentarios.

9. c) La aprobación de los Presupuestos Generales de Navarra.

10. d) Ejerce la potestad legislativa.

11. a) Que depende orgánicamente del Parlamento de Navarra.

12. b) 2023.

13. c) Primero.

14. a) El Presidente de la Comunidad Foral de Navarra.

15. c) Ley Foral.

16. d) Se denominarán Leyes Forales.

17. c) La designación de los Senadores que pudieran corresponder a Navarra como Comunidad Foral.

18. c) La mayoría absoluta de los miembros del Parlamento.

19. a) El Presidente de la Comunidad Foral de Navarra.

20. d) Podrá estar auxiliado por un Adjunto.

21. a) La Ley Foral 4/2000, de 3 de julio.

22. a) Controlar las cuentas y la gestión económica del sector público de Navarra.

23. d) El Defensor del Pueblo de la Comunidad Foral de Navarra.

24. b) Fiscalizador.

25. b) Los Consejeros forales.

26. d) La Cámara de Comptos.

27. d) Las opciones a) y b) son ciertas.

28. d) Las opciones a) y c) son ciertas.

29. b) Controlar las cuentas del sector público de Navarra.

30. d) Las tres opciones anteriores son ciertas.

31. d) Toda persona, natural o jurídica, que invoque un interés legítimo, sin restricción alguna.

32. d) Del Ministerio Fiscal.

33. c) Sí, con carácter preferente y urgente.

34. c) Sí, de 1.500 euros.

35. b) 15 días.

36. c) El de eficacia.

37. d) Por el Parlamento de Navarra por un período de seis años.

38. c) Aprobar el programa anual de fiscalización a desarrollar por la Cámara.

39. b) Los Consejeros forales.

TEST N.º 5

El Gobierno de Navarra: Funciones. Composición, nombramiento, constitución y cese. Atribuciones y competencias. Funcionamiento. Órganos de asistencia y apoyo. Responsabilidad política, control parlamentario y disolución del Parlamento. La presidenta o presidente del Gobierno de Navarra. Las vicepresidentas o vicepresidentes y las consejeras o consejeros del Gobierno de Navarra

1. Corresponde a la Presidenta o Presidente del Gobierno de Navarra ostentar:

a) La más alta representación de la Comunidad Foral.
b) La más alta representación del Estado en Navarra.
c) La representación ordinaria del Estado en Navarra.
d) Las opciones a) y c) son ciertas.

2. El Presidente del Gobierno de Navarra puede designar a:

a) Uno o varios Vicepresidentes, sean o no Consejeros.
b) Uno o varios Vicepresidentes, de entre los Consejeros.
c) Un máximo de dos Vicepresidentes, de entre los Consejeros.
d) Un máximo de tres Vicepresidentes, de entre los Consejeros.

3. Cuando cese el Gobierno de Navarra, continuará en funciones hasta la toma de posesión del nuevo Gobierno, pudiendo:

a) Ejercer la iniciativa legislativa, en cualquier caso.
b) Ejercer las delegaciones legislativas otorgadas por el Parlamento de Navarra, con excepción de las referentes a los Decretos Forales Legislativos de armonización tributaria.
c) Ejercer las delegaciones legislativas otorgadas por el Parlamento de Navarra referentes a los Decretos Forales Legislativos de armonización tributaria.
d) Ejercer cualesquier delegaciones legislativas otorgadas por el Parlamento de Navarra.

4. Corresponde defender la integridad del régimen foral de Navarra:

a) Al Gobierno de Navarra.
b) Al Presidente de la Comunidad Foral de Navarra.
c) A la Cámara de Comptos.
d) A la Comisión de Coordinación.

5. Corresponde elaborar los Presupuestos Generales de Navarra:

a) Al Parlamento de Navarra.
b) Al Gobierno de Navarra.
c) Al Presidente del Gobierno de Navarra.
d) A la Cámara de Comptos.

6. ¿Puede la Presidenta o Presidente de la Comunidad Foral de Navarra acordar la disolución del Parlamento de Navarra con anticipación al término natural de la legislatura?

a) No, en ningún caso.
b) Sí, en cualquier caso.
c) Sí, con la única salvedad de que se encuentre en tramitación una moción de censura.
d) Sí, bajo su exclusiva responsabilidad y previa deliberación del Gobierno de Navarra, salvo en determinados casos.

7. El Gobierno de Navarra precisa de la previa autorización del Parlamento de Navarra para:

a) Aprobar los proyectos de Ley.
b) Emitir Deuda Pública.
c) Nombrar a los altos cargos de la Administración de la Comunidad Foral.
d) Aprobar los proyectos de Presupuestos Generales de Navarra.

8. El Gobierno de Navarra:

a) Ejerce la potestad reglamentaria.
b) Aprueba las Leyes Forales.
c) Fiscaliza la gestión económica y financiera del sector público de la Comunidad Foral.
d) Dirige la Administración del Estado en Navarra.

9. La Presidenta o Presidente de la Comunidad Foral de Navarra, una vez elegido, es nombrado por:

a) El Delegado del Gobierno de la Nación.
b) El Parlamento de Navarra.
c) El Presidente del Parlamento de Navarra.
d) El Rey.

10. La Presidenta o Presidente de la Comunidad Foral de Navarra será elegido por:

a) El Rey.
b) El Parlamento de Navarra, de entre sus miembros.
c) El Parlamento de Navarra, de entre sus miembros o no.
d) El pueblo navarro, en las elecciones al Parlamento de Navarra.

11. Ostenta la más alta representación de la Comunidad Foral:

a) El Presidente del Parlamento de Navarra.
b) El Defensor del Pueblo de la Comunidad Foral de Navarra.
c) El Presidente de la Comunidad Foral de Navarra.
d) El Presidente del Gobierno nacional.

12. La Presidenta o Presidente de la Comunidad Foral:

a) Nombra y cesa a las Consejeras o Consejeros.
c) Nombra y cesa a los Parlamentarios forales.
b) Nombra y cesa al Presidente del Parlamento de Navarra.
d) Nombra y cesa a los Senadores que pudieran corresponder a Navarra como Comunidad Foral.

13. Para resultar investido, el candidato a Presidente de la Comunidad Foral de Navarra deberá obtener, en la votación inicial de los miembros del Parlamento:

a) Mayoría simple.
b) Mayoría absoluta.
c) Mayoría de dos tercios.
d) Mayoría de tres quintos.

14. El Presidente de la Comunidad Foral de Navarra ostenta:

a) La dirección de la Administración del Estado en Navarra.
b) La representación de la Comunidad Foral de Navarra, en sustitución del Presidente del Parlamento de Navarra.
c) La más alta representación de la Comunidad Foral y la coordinación de la Administración del Estado con la Administración Foral.
d) La más alta representación de la Comunidad Foral y la ordinaria del Estado en Navarra.

15. La segunda votación para la elección de Presidente de la Comunidad Foral de Navarra:

a) Se realizará 48 horas después de la primera.
b) Requerirá mayoría absoluta para el otorgamiento de la confianza al candidato.

c) Requerirá mayoría simple para el otorgamiento de la confianza al candidato.
d) Las opciones a) y c) son ciertas.

16. El Presidente de la Comunidad Foral de Navarra:

a) Designa y separa a los Diputados forales.
b) Dirige la acción del Parlamento de Navarra.
c) Designa y separa a los Parlamentarios forales.
d) Dirige la acción del Gobierno y del Parlamento de Navarra.

17. El Presidente y los Diputados forales:

a) Nunca responden directamente ante el Parlamento de su gestión política.
b) Responden sólo de forma solidaria ante el Parlamento de su gestión política.
c) Responden sólo de forma directa ante el Parlamento de su gestión política.
d) Responden solidariamente ante el Parlamento de su gestión política.

18. Cuando el Presidente de la Comunidad Foral de Navarra plantee ante el Parlamento de Navarra la cuestión de confianza sobre su programa de actuación, la confianza se entenderá otorgada cuando vote a favor de la misma, como mínimo:

a) La quinta parte del número de miembros del Parlamento.
b) La cuarta parte del número de miembros del Parlamento.
c) La mayoría simple de los parlamentarios forales.
d) La mayoría absoluta de los parlamentarios forales.

19. La moción de censura al Gobierno de Navarra:

a) Se aprueba por mayoría simple.
b) Se aprueba por mayoría absoluta.
c) Una vez aprobada, implica la celebración de nuevas elecciones.
d) Las opciones b) y c) son ciertas.

20. Responden solidariamente ante el Parlamento de Navarra de su gestión política, sin perjuicio de la responsabilidad directa en su gestión:

a) Sólo los parlamentarios forales.
b) El Presidente del Parlamento de Navarra y el Presidente de la Comunidad Foral de Navarra.
c) El Presidente de la Comunidad Foral de Navarra y los Diputados forales.
d) Sólo los Diputados forales.

21. Si el Parlamento de Navarra aprueba una moción de censura a la Diputación:

a) El Presidente de la Diputación tendrá la facultad de dimitir o no.
b) A continuación, el Presidente de la Diputación podrá plantear al Parlamento de Navarra una cuestión de confianza para ver si se ratifica en su postura.

c) El Presidente de la Diputación presentará inmediatamente su dimisión.

d) Ninguna de las opciones anteriores es cierta.

22. Los Decretos Forales Legislativos son:

a) Normas del Parlamento de Navarra.

b) Normas con rango de Ley Foral.

c) Normas con rango inferior al de la Leyes Forales pero superior al de los Reglamentos.

d) Normas de rango reglamentario.

23. Es cierto, en relación a Vicepresidente/s o Vicepresidenta/s del Gobierno de Navarra, que:

a) La Presidenta o Presidente del Gobierno de Navarra puede nombrar a uno/a, o a varios/as.

b) Sustituirá/n y suplirá/n a la Presidenta o Presidente del Gobierno de Navarra, por su orden, en casos de ausencia, enfermedad o impedimento permanente para el ejercicio de su cargo.

c) Su estatuto personal y su cese se rigen por lo que disponen dos Capítulos Título II de la Ley Foral 11/2019.

d) Carece/n de régimen de incompatibilidades.

24. Es falso que, entre las causas para el cese de Consejeras o Consejeros del Gobierno de Navarra, esté:

a) Separación de su cargo, decidida libremente por la Presidenta o Presidente del Parlamento de Navarra.

b) Cese de la Presidenta o Presidente del Gobierno.

c) Sentencia judicial firme de incapacitación.

d) Sentencia judicial firme que lleve aparejada la inhabilitación para el ejercicio de su cargo.

25. En falso decir, en relación a las Consejeras o Consejeros del Gobierno de Navarra, que:

a) Su suplencia se determinará por la Presidenta o Presidente del Gobierno de Navarra, mediante Decreto Foral Legislativo.

b) Sólo pueden ser suplidas o suplidos, en los casos determinados por la Ley Foral 14/2004, por otras Consejeras o Consejeros.

c) Al cesar en su cargo, tienen derecho a las indemnizaciones que se determinen, con sus correspondientes incompatibilidades.

d) Su responsabilidad criminal será exigible, en su caso, ante la correspondiente Sala del Tribunal Supremo.

26. El Gobierno de Navarra:

a) Para el ejercicio de sus funciones, se reunirá periódicamente, previa convocatoria de su Presidenta o Presidente, a la que se acompañará el orden del día de la sesión.

b) Para el ejercicio de sus funciones, se reunirá periódicamente, previa convocatoria de su Presidenta o Presidente, sin necesidad de remitir orden del día.

c) Para el ejercicio de sus funciones, se reunirá periódicamente, sin necesidad de previa convocatoria de su Presidenta o Presidente.

d) Podrá reunirse por decisión de la Presidenta o Presidente o cuando existan causas urgentes, remitiendo el orden del día de la sesión.

Solución al test n.º 5

1. d) Las opciones a) y c) son ciertas.

2. b) Uno o varios Vicepresidentes, de entre los Consejeros.

3. c) Ejercer las delegaciones legislativas otorgadas por el Parlamento de Navarra referentes a los Decretos Forales Legislativos de armonización tributaria.

4. a) Al Gobierno de Navarra.

5. b) Al Gobierno de Navarra.

6. d) Sí, bajo su exclusiva responsabilidad y previa deliberación del Gobierno de Navarra, salvo en determinados casos.

7. b) Emitir Deuda Pública.

8. a) Ejerce la potestad reglamentaria.

9. d) El Rey.

10. b) El Parlamento de Navarra, de entre sus miembros.

11. c) El Presidente de la Comunidad Foral de Navarra.

12. a) Nombra y cesa a las Consejeras o Consejeros.

13. b) Mayoría absoluta.

14. d) La más alta representación de la Comunidad Foral y la ordinaria del Estado en Navarra.

15. c) Requerirá mayoría simple para el otorgamiento de la confianza al candidato.

16. a) Designa y separa a los Diputados forales.

17. d) Responden solidariamente ante el Parlamento de su gestión política.

18. c) La mayoría simple de los parlamentarios forales.

19. b) Se aprueba por mayoría absoluta.

20. c) El Presidente de la Comunidad Foral de Navarra y los Diputados forales.

21. c) El Presidente de la Diputación presentará inmediatamente su dimisión.

22. b) Normas con rango de Ley Foral.

23. a) La Presidenta o Presidente del Gobierno de Navarra puede nombrar a uno/a, o a varios/as.

24. a) Separación de su cargo, decidida libremente por la Presidenta o Presidente del Parlamento de Navarra.

25. a) Su suplencia se determinará por la Presidenta o Presidente del Gobierno de Navarra, mediante Decreto Foral Legislativo.

26. a) Para el ejercicio de sus funciones, se reunirá periódicamente, previa convocatoria de su Presidenta o Presidente, a la que se acompañará el orden del día de la sesión.

TEST N.º 6

Las Fuentes del Derecho: la jerarquía de las fuentes. La Ley. Las disposiciones del ejecutivo con rango de ley. La iniciativa legislativa y potestad para dictar normas con rango de ley. El reglamento: concepto, clases y límites. La potestad reglamentaria del Gobierno

1. Señala cuál de las siguientes es una fuente indirecta de nuestro Derecho Administrativo:

a) Los Reglamentos.
b) La Jurisprudencia.
c) Los Principios Generales del Derecho.
d) La Costumbre.

2. ¿Qué tipo de fuente del Derecho Administrativo son los Reglamentos del Presidente del Gobierno?

a) Directa.
b) Indirecta.
c) Directa subsidiaria.
d) No son fuente de nuestro Derecho Administrativo.

3. ¿A quién atribuye la Constitución Española la titularidad de la potestad legislativa?

a) Únicamente al Estado.
b) A las Cortes Generales exclusivamente.
c) Al Estado y las Comunidades Autónomas.
d) Al Estado, a las Comunidades Autónomas y a las Corporaciones Locales.

4. ¿A quién atribuye el art. 91 de la Carta Magna la potestad para ordenar la inmediata publicación de las leyes aprobadas por las Cortes Generales?

a) Al Rey.
b) Al Presidente del Gobierno.

c) Al Presidente del Congreso de los Diputados.
d) Al Presidente de la Mesa de la Cámara Baja.

5. ¿Cómo se denominan las leyes por las que las Cortes Generales, en materia de competencia estatal, pueden atribuir a todas o a alguna de las Comunidades Autónomas la facultad de dictar, para sí mismas, normas legislativas en el marco de los principios, bases y directrices fijados por una ley estatal?

a) Leyes orgánicas.
b) Leyes ordinarias.
c) Leyes marco.
d) Leyes de armonización.

6. ¿En qué plazo sancionará el Rey las leyes aprobadas por las Cortes Generales?

a) Un mes.
b) Veinte días.
c) Quince días.
d) Diez días.

7. ¿Qué órgano de los siguientes promulga las leyes?

a) El Rey.
b) El Presidente del Gobierno.
c) Las Cortes Generales.
d) El Presidente del Congreso.

8. ¿Qué son los decretos legislativos?

a) Disposiciones del Gobierno sobre derechos y deberes fundamentales.
b) Disposiciones de las cortes que contienen delegación legislativa.
c) Disposiciones del Poder Judicial que contienen delegación legislativa.
d) Disposiciones del Gobierno que contienen legislación delegada.

9. En caso de extraordinaria y urgente necesidad, ¿qué disposición legislativa provisional podrá dictar el Gobierno?

a) Decreto Legislativo.
b) Ley de Bases.
c) Ley Orgánica.
d) Decreto-Ley.

10. Los Decretos-Leyes deberán de ser inmediatamente sometidos a debate y votación de totalidad:

a) Al Senado.
b) Al Gobierno.

c) Al Congreso de los Diputados.
d) Todas las anteriores son correctas.

11. Cuando las Asambleas de las CC AA remitan a la Mesa del Congreso una proposición de ley, delegarán ante dicha cámara para su defensa:

a) Un máximo de 2 miembros de la Asamblea.
b) Un máximo de 3 miembros de la Asamblea.
c) Un máximo de 4 miembros de la Asamblea.
d) Un máximo de 5 miembros de la Asamblea.

12. ¿Qué ley regulará las formas de ejercicio y requisitos de la iniciativa popular para la presentación de las proposiciones de ley?

a) Una Ley de Bases.
b) Una Ley ordinaria.
c) Una Ley Orgánica.
d) Todas son correctas.

13. En caso de iniciativa legislativa popular, el número de firmas necesarias será de:

a) 250.000 firmas acreditadas.
b) 500.000 firmas acreditadas.
c) 1.000.000 firmas acreditadas.
d) 1.250.000 firmas acreditadas.

14. No procederá la iniciativa legislativa popular en materias:

a) Propias de ley orgánica.
b) Tributarias o internacionales.
c) En lo relativo a la prerrogativa de gracia.
d) Todas las anteriores son correctas.

15. ¿De qué plazo dispone el Senado para, mediante mensaje motivado, oponer su veto o introducir enmiendas a un proyecto de ley ordinaria u orgánica?

a) Veinte días, a partir del día de la recepción del texto.
b) Un mes, a partir del día de la recepción del texto.
c) Dos meses, a partir del día de la recepción del texto.
d) Tres meses, a partir del día de la recepción del texto.

16. El plazo ordinario de que el Senado dispone para vetar o enmendar el proyecto se reducirá en los proyectos declarados urgentes por el Gobierno o por el Congreso de los Diputados a:

a) Veinte días hábiles.
b) Veinte días naturales.

c) Quince días naturales.

d) Quince días hábiles.

17. El art. 129 de la Ley 39/2015, de 1 de octubre, del Procedimiento Administrativo Común de las Administraciones Públicas dispone que en el ejercicio de la iniciativa legislativa y la potestad reglamentaria, las Administraciones Públicas actuarán de acuerdo con los principios de:

a) Legalidad, necesidad, eficacia, eficiencia, transparencia, e igualdad.

b) Legalidad, objetividad, necesidad, eficacia y eficiencia.

c) Necesidad, transparencia, objetividad, proporcionalidad, y eficacia.

d) Necesidad, eficacia, proporcionalidad, seguridad jurídica, transparencia, y eficiencia.

18. ¿En virtud de qué principio, la iniciativa normativa debe evitar cargas administrativas innecesarias o accesorias y racionalizar, en su aplicación, la gestión de los recursos públicos?

a) En aplicación del principio de eficiencia.

b) En aplicación del principio de transparencia.

c) En aplicación del principio de proporcionalidad.

d) En aplicación del principio de necesidad.

19. ¿En virtud de qué principio o principios, la iniciativa normativa debe estar justificada por una razón de interés general, basarse en una identificación clara de los fines perseguidos y ser el instrumento más adecuado para garantizar su consecución?

a) En virtud de los principios de necesidad y eficacia.

b) En virtud de los principios de objetividad y proporcionalidad.

c) En virtud de los principios de seguridad y necesidad.

d) En virtud de los principios de transparencia y eficiencia.

20. Por la relación existente entre los reglamentos y la ley, GARRIDO FALLA y ENTRENA CUESTA, clasifican los Reglamentos en:

a) Dependientes o independientes.

b) Ejecutivos e Independientes.

c) Internos y externos.

d) Estatales, autonómicos, locales e institucionales.

21. Como consecuencia del principio de reserva de ley, la Administración no podrá, por vía reglamentaria:

a) Establecer y exigir prestaciones personales obligatorias.

b) Establecer ni imponer penas.

c) Establecer tributos.
d) Todas las respuestas son correctas.

22. La fase de recogida de firmas de la iniciativa popular deberá hacerse en el plazo de:

a) Seis meses, prorrogable por otros dos meses más.
b) Seis meses improrrogables.
c) Nueve meses, prorrogable por otros tres meses más.
d) Nueve meses improrrogables.

23. Señala cuál de las siguientes no es una fuente directa del Derecho Administrativo:

a) Los Decretos-Leyes.
b) Los Principios Generales del Derecho.
c) Los Reglamentos del Presidente del Gobierno.
d) La Constitución.

24. El artículo 1.6.º del Código Civil establece que la jurisprudencia complementará el ordenamiento jurídico con la doctrina que, de modo reiterado, establezca:

a) El Tribunal Constitucional.
b) La Audiencia Nacional.
c) El Tribunal Supremo.
d) Los Tribunales Superiores de Justicia.

25. ¿Quiénes son en España, tras la Constitución, los titulares de la potestad legislativa?

a) El Estado.
b) Las Comunidades Autónomas.
c) Las Corporaciones Locales.
d) Las respuestas a) y b) son correctas.

26. Las Asambleas de las Comunidades Autónomas podrán solicitar del Gobierno la adopción de un proyecto de ley o remitir a la Mesa del Congreso una proposición de ley, delegando ante dicha Cámara:

a) Un máximo de dos miembros de la Asamblea encargados de su defensa.
b) Un máximo de tres miembros de la Asamblea encargados de su defensa.
c) Un máximo de cinco miembros de la Asamblea encargados de su defensa.
d) Un máximo de siete miembros de la Asamblea encargados de su defensa.

27. Una Ley Orgánica regulará las formas de ejercicio y requisitos de la iniciativa popular para la presentación de proposiciones de ley. En todo caso se exigirán no menos de:

a) 50.000 firmas acreditadas.
b) 100.000 firmas acreditadas.
c) 250.000 firmas acreditadas.
d) 500.000 firmas acreditadas.

28. ¿En qué materias no procede la iniciativa popular para la presentación de proposiciones de ley?

a) En materias tributarias.
b) En materias propias de ley orgánica.
c) En materias de carácter internacional.
d) Todas las respuestas son correctas.

29. ¿A quién corresponde elevar al Consejo de Ministros el Plan Anual Normativo para su aprobación?

a) Al Presidente del Gobierno.
b) Al Ministro de la Presidencia, Justicia y Relaciones con las Cortes.
c) Al Ministro del Interior.
d) Al Vicepresidente del Gobierno.

30. El/la Ministro/a competente elevará el Plan al Consejo de Ministros para su aprobación antes de:

a) El 30 de abril.
b) El 1 de mayo.
c) El 30 de junio.
d) El 31 de diciembre.

31. Conforme dispone el artículo 86 de la CE, en caso de extraordinaria y urgente necesidad, el Gobierno podrá dictar disposiciones legislativas provisionales que tomarán la forma de:

a) Leyes Orgánicas.
b) Decretos–Leyes.
c) Decretos Legislativos.
d) Reglamentos.

32. Los Decretos-Leyes deberán ser inmediatamente sometidos a debate y votación de totalidad al Congreso de los Diputados, convocado al efecto si no estuviere reunido, en el plazo de:

a) Los treinta días siguientes a su promulgación.
b) Los veinte días siguientes a su promulgación.
c) Los quince días siguientes a su promulgación.
d) Los diez días siguientes a su promulgación.

33. Las disposiciones del Gobierno que contengan legislación delegada recibirán el título de:

a) Leyes Orgánicas.
b) Decretos-Leyes.
c) Decretos Legislativos.
d) Reglamentos.

34. Los Juzgados y Tribunales del orden contencioso-administrativo conocerán:

a) De las pretensiones que se deduzcan en relación con la actuación de las Administraciones Públicas sujeta al Derecho Administrativo.
b) Con las disposiciones generales de rango inferior a la ley.
c) Con los Decretos Legislativos cuando excedan los límites de la delegación.
d) Todas las respuestas son correctas.

35. Señala la respuesta incorrecta respecto al Reglamento:

a) El Reglamento consiste en un acto normativo dictado por la Administración en virtud de su competencia propia.
b) El Reglamento es toda disposición jurídica de carácter general dictada por la Administración Pública y con valor subordinado a la ley.
c) Por su contenido, son normas de Derecho subjetivo, de rango inferior al de las leyes.
d) Por su procedencia, al emanar de la Administración, están sometidos al principio de legalidad y son susceptibles, en su caso, de ser fiscalizados por la Jurisdicción Contencioso-Administrativa.

36. ¿En virtud de qué principio, la iniciativa normativa debe evitar cargas administrativas innecesarias o accesorias y racionalizar, en su aplicación, la gestión de los recursos públicos?

a) En aplicación del principio de transparencia.
b) En aplicación del principio de eficacia.
c) En aplicación del principio de eficiencia.
d) En aplicación del principio de seguridad jurídica.

37. Por la relación existente entre los Reglamentos y la ley, cabe distinguir entre:

a) Reglamentos Ejecutivos y Reglamentos Independientes.
b) Reglamentos Normativos y Reglamentos Legislativos.
c) Reglamentos Simples y Reglamentos Complejos.
d) Reglamentos Internos y Reglamentos Externos.

38. Como consecuencia del principio de reserva de ley, la Administración no podrá, por vía reglamentaria:

a) Establecer ni imponer penas.
b) Establecer tributos ni otro tipo de exacciones, tasas, cánones, derechos de propaganda, ni otras cargas similares.
c) Establecer y exigir prestaciones personales obligatorias.
d) Todas las respuestas anteriores son correctas.

39. ¿En virtud de qué principio las Administraciones Públicas posibilitarán el acceso sencillo, universal y actualizado a la normativa en vigor y los documentos propios de su proceso de elaboración, en los términos establecidos en el artículo 7 de la Ley 19/2013, de 9 de diciembre, de Transparencia, acceso a la Información Pública y Buen Gobierno?

a) En aplicación del principio de transparencia.
b) En aplicación del principio de eficacia.
c) En aplicación del principio de eficiencia.
d) En aplicación del principio de seguridad jurídica.

40. Las Administraciones Públicas, en el ámbito de sus competencias, publicarán:

a) Los documentos que, conforme a la legislación sectorial vigente, deban ser sometidos a un período de información pública durante su tramitación.
b) Las directrices, instrucciones, acuerdos, circulares o respuestas a consultas planteadas por los particulares u otros órganos en la medida en que supongan una interpretación del Derecho o tengan efectos jurídicos.
c) Los Anteproyectos de Ley y los proyectos de Decretos Legislativos cuya iniciativa les corresponda, cuando se soliciten los dictámenes a los órganos consultivos correspondientes.
d) Todas las respuestas anteriores son correctas.

41. ¿Con qué periodicidad, las Administraciones Públicas harán público un Plan Normativo que contendrá las iniciativas legales o reglamentarias que vayan a ser elevadas para su aprobación en el año siguiente?

a) Anualmente.
b) Semestralmente.

c) Trimestralmente.
d) Mensualmente.

42. Por razón del sujeto que los dicta, los Reglamentos podrán ser:

a) Públicos y privados.
b) Únicos y múltiples.
c) Estatales, autonómicos, locales e institucionales.
d) Políticos e institucionales.

43. ¿Cómo se denominan los Reglamentos dictados por las Autoridades administrativas en caso de emergencia?

a) Reglamentos excepcionales.
b) Reglamentos de necesidad.
c) Reglamentos *contra legem*.
d) Las respuestas b) y c) son correctas.

44. Los Reglamentos tienen el límite formal de que han de ser elaborados siguiendo el procedimiento establecido al respecto, so pena de:

a) Anulabilidad.
b) Nulidad.
c) Ilegitimidad.
d) Irregularidad.

45. ¿Cómo se denominan los Reglamentos que agotan su eficacia en el ámbito de la propia Administración, sin que regulen o repercutan en relaciones entre esta y los particulares o entre los Entes Públicos?

a) Internos.
b) Propios.
c) Simples.
d) Únicos.

46. El Código Penal, aprobado por la Ley Orgánica 10/1995, de 23 de noviembre, establece en su artículo 506 que la autoridad o funcionario público que, careciendo de atribuciones para ello, dictare una disposición general o suspendiere su ejecución, será castigado con la pena de:

a) Multa de seis a doce meses.
b) Prisión de uno a tres años.
c) Multa de seis a doce meses e inhabilitación especial para empleo o cargo público por tiempo de seis a doce años.
d) Prisión de uno a tres años, multa de seis a doce meses e inhabilitación especial para empleo o cargo público por tiempo de seis a doce años.

47. Indica cuál de las siguientes es una fuente indirecta del Derecho Administrativo:

a) La costumbre.
b) Los Reglamentos.
c) Los Tratados Internacionales.
d) Las leyes ordinarias.

48. ¿De qué plazo dispone el Rey para sancionar las leyes aprobadas por las Cortes Generales?

a) De un mes.
b) De veinte días.
c) De quince días.
d) De siete días.

49. ¿A quién corresponde la sanción y promulgación de las leyes de las Comunidades Autónomas?

a) Al Rey.
b) Al Presidente de cada una de ellas, en nombre de la Comunidad.
c) Al Presidente de cada una de ellas, en nombre del Rey.
d) Al Presidente del Parlamento Autonómico.

50. A tenor del artículo 81.1.º CE, son Leyes Orgánicas:

a) Las que regulen el régimen electoral general.
b) Las relativas al desarrollo de los derechos fundamentales y de las libertades públicas.
c) Las que aprueben los Estatutos de Autonomía.
d) Todas las respuestas son correctas.

Solución al test n.º 6

1. b) La Jurisprudencia.

2. a) Directa.

3. c) Al Estado y las Comunidades Autónomas.

4. a) Al Rey.

5. c) Leyes marco.

6. c) Quince días.

7. a) El Rey.

8. d) Disposiciones del Gobierno que contienen legislación delegada.

9. d) Decreto-Ley.

10. c) Al Congreso de los Diputados.

11. b) Un máximo de 3 miembros de la Asamblea.

12. c) Una Ley Orgánica.

13. b) 500.000 firmas acreditadas.

14. d) Todas las anteriores son correctas.

15. c) Dos meses, a partir del día de la recepción del texto.

16. b) Veinte días naturales.

17. d) Necesidad, eficacia, proporcionalidad, seguridad jurídica, transparencia, y eficiencia.

18. a) En aplicación del principio de eficiencia.

19. a) En virtud de los principios de necesidad y eficacia.

20. b) Ejecutivos e Independientes.

21. d) Todas las respuestas son correctas.

22. c) Nueve meses, prorrogable por otros tres meses más.

23. b) Los Principios Generales del Derecho.

24. c) El Tribunal Supremo.

25. d) Las respuestas a) y b) son correctas.

26. b) Un máximo de tres miembros de la Asamblea encargados de su defensa.

27. d) 500.000 firmas acreditadas.

28. d) Todas las respuestas son correctas.

29. b) Al Ministro de la Presidencia, Justicia y Relaciones con las Cortes.

30. a) El 30 de abril.

31. b) Decretos–Leyes.

32. a) Los treinta días siguientes a su promulgación.

33. c) Decretos Legislativos.

34. d) Todas las respuestas son correctas.

35. c) Por su contenido, son normas de Derecho subjetivo, de rango inferior al de las leyes.

36. c) En aplicación del principio de eficiencia.

37. a) Reglamentos Ejecutivos y Reglamentos Independientes.

38. d) Todas las respuestas son correctas.

39. a) En aplicación del principio de transparencia.

40. d) Todas las respuestas anteriores son correctas.

41. a) Anualmente.

42. c) Estatales, autonómicos, locales e institucionales.

43. d) Las respuestas b) y c) son correctas.

44. b) Nulidad.

45. a) Internos.

46. d) Prisión de uno a tres años, multa de seis a doce meses e inhabilitación especial para empleo o cargo público por tiempo de seis a doce años.

47. c) Los Tratados Internacionales.

48. c) De quince días.

49. c) Al Presidente de cada una de ellas, en nombre del Rey.

50. d) Todas las respuestas son correctas.

TEST N.º 7

La Ley Foral 11/2019, de 11 de marzo, de la Administración de la Comunidad Foral de Navarra y del Sector Público Institucional Foral. Título I: "Disposiciones Generales". Título II: capítulo I "Administración Pública Foral". Capítulo II "De la organización de la Administración Pública Foral". Capítulo III "Régimen jurídico del ejercicio de las competencias". Capítulo IV "Órganos colegiados". Título III: capítulo I "Organización de la Administración de la Comunidad Foral de Navarra"

1. La Ley Foral de la Administración de la Comunidad Foral de Navarra y del Sector Público Institucional Foral es:

a) La Ley Foral 11/2019.
b) La Ley Foral 15/2004.
c) La Ley Foral 14/2004.
d) La Ley Foral 23/1983.

2. Dentro de la Ley Foral de la Administración de la Comunidad Foral de Navarra y del Sector Público Institucional Foral, se denomina "Disposiciones generales":

a) El Título I.
b) El Título II.
c) El Título III.
d) El Título IV.

3. El capítulo del Título III de la Ley Foral 11/2019 se denomina:

a) "Órganos colegiados".
b) "Organización de la Administración de la Comunidad Foral de Navarra".
c) "De la organización de la Administración Pública Foral".
d) "Régimen jurídico del ejercicio de las competencias".

4. Es falso decir que la Administración Pública Foral gozará, en el ejercicio de sus competencias, de:

a) La potestad expropiatoria.
b) La potestad sancionadora.
c) La potestad de autoorganización.
d) La potestad legislativa.

5. Navarra, sobre el régimen jurídico de la Diputación Foral, de su Administración y de los entes públicos dependientes de la misma, garantizando el tratamiento igual de los administrados ante las Administraciones Públicas, tiene:

a) Competencia exclusiva.
b) Competencia de desarrollo reglamentario, no legislativa.
c) Competencia de ejecución, exclusivamente.
d) Administrativa, incluida la inspección, y revisora en vía administrativa, exclusivamente.

6. Regula la organización, el funcionamiento y el régimen jurídico de la Administración de la Comunidad Foral de Navarra y del Sector Público Institucional Foral:

a) La Ley Foral 14/2004.
b) La Ley Foral 15/2004.
c) La Ley Foral 11/2019.
d) La Ley Foral 11/2007.

7. ¿Qué norma atribuye a la Comunidad Foral competencia exclusiva, en virtud de su régimen foral, sobre las normas de procedimiento administrativo y, en su caso, económico-administrativo que se deriven de las especialidades del Derecho sustantivo o de la organización propios de Navarra?

a) La Constitución Española.
b) La Ley Orgánica 13/1982, de 10 de agosto.
c) La Ley Foral 11/2019, de 11 de marzo.
d) La Ley Foral 15/2004, de 3 de diciembre.

8. Es falso decir que:

a) La Administración de la Comunidad Foral de Navarra está constituida por órganos jerárquicamente ordenados.
b) La Administración de la Comunidad Foral de Navarra actúa con personalidad jurídica única para el cumplimiento de sus fines.
c) La Administración de la Comunidad Foral de Navarra sirve, bajo la dirección del Parlamento de Navarra, con objetividad los intereses generales.
d) Los organismos públicos y entidades de Derecho Público vinculados o dependientes de la Administración de la Comunidad Foral de Navarra tienen personalidad jurídica plena en sus relaciones con terceros.

9. El artículo 5 de la Ley Foral de la Administración de la Comunidad Foral de Navarra y del Sector Público Institucional Foral, se denomina:

a) "Personalidad jurídica de la Administración Pública Foral".
b) "Potestades y prerrogativas de la Administración Pública Foral".
c) "Relaciones ad intra y ad extra".
d) "Ámbito subjetivo".

10. Al frente de cada Departamento de la Administración de la Comunidad Foral de Navarra se encuentra:

a) Un órgano colegiado.
b) Un Consejero o Consejera.
c) Un Director o Directora General.
d) Una Secretaria o Secretario General Técnico.

11. La creación, modificación, agrupación y supresión de Departamentos en que se estructura la Administración de la Comunidad Foral de Navarra, corresponde:

a) A la Presidenta o Presidente del Gobierno de Navarra, mediante Decreto Foral.
b) Al Parlamento de Navarra, mediante Ley Foral.
c) Al Gobierno de Navarra, mediante Decreto Foral.
d) Ninguna de las tres respuestas anteriores es cierta.

12. Son órganos superiores de la Administración Pública Foral:

a) El Gobierno de Navarra, su Presidenta o Presidente, las Vicepresidentas o Vicepresidentes en su caso, las Consejeras y Consejeros, y las Directoras o Directores Generales.
b) El Gobierno de Navarra, su Presidenta o Presidente, las Vicepresidentas o Vicepresidentes en su caso, y las Consejeras y Consejeros.
c) El Gobierno de Navarra, su Presidenta o Presidente y las Vicepresidentas o Vicepresidentes en su caso, exclusivamente.
d) El Gobierno de Navarra y su Presidenta o Presidente, exclusivamente.

13. El incumplimiento de las instrucciones y órdenes de servicio de los órganos de la Administración Pública Foral que dirijan las actividades de los jerárquicamente dependientes:

a) Afecta por sí solo a la validez de los actos dictados por los órganos administrativos.
b) No afecta por sí solo a la validez de los actos dictados por los órganos administrativos.
c) Podrá hacer incurrir, en su caso, en responsabilidad disciplinaria.
d) Las respuestas b) y c) son ciertas.

14. Conforme a la Ley Foral de la Administración de la Comunidad Foral de Navarra y del Sector Público Institucional Foral, los Servicios podrán organizarse en:

a) Secciones, Negociados y otras unidades de rango inferior al de Sección.
b) Direcciones generales o Jefaturas.
c) Jefaturas o Negociados.
d) Organismos Autónomos o Secciones.

15. La Ley Foral de la Administración de la Comunidad Foral de Navarra y del Sector Público Institucional Foral:

a) Establece el número de los Departamentos.
b) Establece el nombre de los distintos Departamentos.
c) Atribuye a la Presidenta o Presidente del Gobierno de Navarra la creación, modificación, agrupación y extinción de Departamentos, mediante decreto foral.
d) Atribuye a la Presidenta o Presidente del Gobierno de Navarra la creación, modificación, agrupación y extinción de los Departamentos por orden foral.

16. La Ley 11/2019 dispone que cada Departamento se estructura en:

a) Una o varias Divisiones y en una Secretaría General Técnica.
b) Una o varias Direcciones Generales y en una Secretaría General Técnica.
c) Una o varias Direcciones Generales y en una Secretaría Técnica.
d) Servicios y en una Secretaría Técnica.

17. Conforme a la Ley Foral 11/2019, las personas titulares de la Secretarías Generales Técnicas tendrán el rango de:

a) Directora o Director de Negociado.
b) Directora o Director de División.
c) Directora o Director de Sección.
d) Directora o Director de Servicio.

18. Es falso decir, conforme a la Ley Foral 11/2019, que:

a) Las decisiones administrativas de los Directores Generales serán firmadas por los mismos.
b) Los Directores Generales serán nombrados y cesados libremente mediante orden foral.
c) Los Directores Generales serán nombrados y cesados a propuesta de las personas titulares de los Departamentos competentes.
d) Las decisiones administrativas de los Directores Generales adoptarán la forma de resolución.

19. La Ley Foral 11/2019 dispone que:

a) No podrán existir dentro de cada Departamento órganos dependientes directamente de la persona titular del mismo.
b) La Dirección General tiene como función la dirección, la gestión y la coordinación de una o de varias áreas funcionalmente homogéneas.

c) La creación, modificación, agrupación y supresión de Direcciones Generales corresponde a la Consejera o Consejero titular del respectivo Departamento.

d) La determinación del área o áreas a las que se extenderá la competencia de cada una de las Direcciones Generales se efectúa mediante orden foral.

20. De acuerdo con la Ley Foral 11/2019, las unidades orgánicas de carácter directivo de los Departamentos son:

a) Los Negociados.
b) Las Secciones.
c) Las Secretarías Generales Técnicas.
d) Los Servicios.

21. Es falso decir que, a los efectos de la Ley Foral 11/2019, tienen la consideración de Administración Pública Foral:

a) La Administración de la Comunidad Foral de Navarra.
b) Los organismos públicos vinculados o dependientes de la Administración de la Comunidad Foral de Navarra.
c) Las entidades de derecho público vinculadas o dependientes de la Administración de la Comunidad Foral de Navarra.
d) La Administración del Estado en Navarra.

Solución al test n.º 7

1. a) La Ley Foral 11/2019.

2. a) El título I.

3. b) "Organización de la Administración de la Comunidad Foral de Navarra".

4. d) La potestad legislativa.

5. a) Competencia exclusiva.

6. c) La Ley Foral 11/2019.

7. b) La Ley Orgánica 13/1982, de 10 de agosto.

8. c) La Administración de la Comunidad Foral de Navarra sirve, bajo la dirección del Parlamento de Navarra, con objetividad los intereses generales.

9. c) "Relaciones ad intra y ad extra".

10. b) Un Consejero o Consejera.

11. a) A la Presidenta o Presidente del Gobierno de Navarra, mediante decreto foral.

12. b) El Gobierno de Navarra, su Presidenta o Presidente, las Vicepresidentas o Vicepresidentes en su caso, y las Consejeras y Consejeros.

13. d) Las respuestas b) y c) son ciertas.

14. a) Secciones, Negociados y otras unidades de rango inferior al de Sección.

15. c) Atribuye a la Presidenta o Presidente del Gobierno de Navarra la creación, modificación, agrupación y extinción de Departamentos, mediante decreto foral.

16. b) Una o varias Direcciones Generales y en una Secretaría General Técnica.

17. d) Directora o Director de Servicio.

18. b) Los Directores Generales serán nombrados y cesados libremente mediante orden foral.

19. b) La Dirección General tiene como función la dirección, la gestión y la coordinación de una o de varias áreas funcionalmente homogéneas.

20. d) Los Servicios.

21. d) La Administración del Estado en Navarra.

TEST N.º 8

Los actos administrativos. Requisitos de los actos administrativos. Eficacia de los actos. Nulidad y anulabilidad. La revisión de los actos en vía administrativa: revisión de oficio y recursos administrativos

1. El contenido eventual del acto supone:

a) Que este puede estar condicionado.
b) Que se presume en todos los actos del mismo tipo.
c) Que es connatural con el acto de que se trate.
d) Su carácter reglado.

2. Cuando algo necesariamente forma parte de un acto administrativo, hablamos de contenido:

a) Natural.
b) Legal.
c) Eventual.
d) Implícito.

3. El recurso de alzada contra actos que no agotan la vía administrativa es:

a) Extraordinario.
b) La regla general.
c) Especial.
d) Inexistente.

4. El recurso de alzada se presentará:

a) Ante el superior jerárquico del órgano que dictó el acto.
b) Ante el Tribunal contencioso competente.
c) Ante el órgano que dictó el acto.
d) Indistintamente, ante el órgano que dictó el acto o el superior jerárquico que deba decidirlo.

5. El recurso extraordinario de revisión por manifiesto error de hecho, que resulte de los propios documentos incorporados al expediente, debe plantearse:

a) A los tres meses desde que se produjo.
b) A los cuatro años desde que se conoció.
c) Dentro de los cuatro años desde la notificación del acto.
d) No puede darse nunca aisladamente.

6. En la notificación de todo acto administrativo no es necesario que conste siempre:

a) Su texto íntegro.
b) Los recursos que contra el mismo procedan.
c) Los motivos en que se basa la decisión.
d) El plazo de interposición de los recursos.

7. Según que la Administración, al dictarlos, se limite a aplicar una norma que le señala claramente la decisión a adoptar en el supuesto del hecho de que se trate, o tenga libertad en la emisión de dicho acto, pudiendo optar entre diversas alternativas que la ley le ofrece, pero sin olvidar que el fin de toda su actuación es el interés general, los actos administrativos se clasifican en:

a) Actos únicos y actos múltiples.
b) Actos de trámite y actos complejos.
c) Actos directos y actos indirectos.
d) Actos reglados y actos discrecionales.

8. La regla general cuando un acto infringe el ordenamiento jurídico es:

a) Su anulabilidad.
b) Su validez temporal.
c) Su nulidad relativa.
d) Las respuestas a) y c) son correctas.

9. Las resoluciones administrativas que vulneren lo establecido en una disposición reglamentaria son:

a) Nulas.
b) Válidas.
c) Anulables.
d) Temporalmente válidas.

10. Las cláusulas accesorias de un acto administrativo forman parte del contenido:

a) Natural del acto.
b) Implícito del mismo.

c) Legal del acto.
d) Eventual del acto.

11. Según pongan fin al expediente administrativo o formen parte del mismo, como una fase del mismo, sin tener carácter resolutivo, los actos administrativos se clasifican en:

a) Actos definitivos y actos de trámite.
b) Actos propios y actos impropios.
c) Actos básicos y actos de trámite.
d) Actos únicos y actos múltiples.

12. La *reformatio in peius*, en materia de recursos:

a) Se admite como regla general.
b) Solo se permite en materia sancionadora.
c) Se admite cuando el recurso está claramente infundado.
d) Está expresamente prohibida.

13. Un acto complejo es aquel:

a) En el que intervienen, sucesivamente, en virtud de la tutela administrativa, dos órganos administrativos.
b) Que se adopta por un órgano colegiado.
c) En cuyo proceso de elaboración se ha evacuado el dictamen de un órgano consultivo.
d) En cuya emisión de voluntad han de intervenir, como mínimo, dos órganos administrativos.

14. Los efectos de una declaración de nulidad absoluta se producen desde:

a) Que se notifica el acto anulatorio.
b) El momento de la declaración de la nulidad.
c) La notificación o publicación del acto anulatorio, según los casos.
d) Que se dictó el acto anulado.

15. Los actos dictados prescindiendo total y absolutamente del procedimiento legalmente establecido o de las normas que contienen las reglas esenciales para la formación de la voluntad de los órganos colegiados, se consideran:

a) Válidos.
b) Nulos de pleno derecho.
c) Anulables.
d) Irregulares.

16. ¿Contra qué actos se interpone el recurso extraordinario de revisión?

a) Contra cualquier acto administrativo.
b) Contra los actos que no agotan la vía administrativa.

c) Contra los actos que agotan la vía administrativa.
d) Contra los actos firmes exclusivamente.

17. Según dispone el art. 41 LPACAP, las notificaciones se practicarán preferentemente:

a) Por la vía postal.
b) Telefónicamente.
c) Por medios electrónicos.
d) Por el medio más rápido y económico para la Administración.

18. Según provengan de un solo órgano administrativo o de dos o más órganos administrativos, los actos administrativos se clasifican en:

a) Actos únicos y actos múltiples.
b) Actos de trámite y actos complejos.
c) Actos simples y complejos.
d) Actos básicos y actos complejos.

19. La resolución de un recurso:

a) Debe circunscribirse a lo solicitado por el recurrente.
b) Resolverá cuantas cuestiones se deduzcan del expediente.
c) No es necesario que se motive.
d) Debe aceptar las razones en que se fundamente el propio recurso.

20. El procedimiento, que es la vía a través de la cual se elabora la declaración de voluntad, deseo, conocimiento o juicio de la Administración, en que consiste el acto, es un elemento del acto administrativo de tipo:

a) Objetivo.
b) Subjetivo.
c) Formal.
d) Accidental.

21. ¿Cuándo podrá la Administración Pública convalidar un acto administrativo?

a) Cuando el vicio consiste en incompetencia jerárquica.
b) Cuando el vicio consiste en incompetencia funcional.
c) Cuando el vicio consiste en incompetencia territorial.
d) En ninguno de los anteriores casos.

22. Serán motivados, con sucinta referencia de hechos y fundamentos de derecho:

a) Los actos que se separen del criterio seguido en actuaciones precedentes o del dictamen de órganos consultivos.
b) Los actos que limiten derechos subjetivos o intereses legítimos

c) Los actos que resuelvan procedimientos de revisión de oficio de disposiciones o actos administrativos, recursos administrativos y procedimientos de arbitraje y los que declaren su inadmisión.

d) Todas las respuestas son correctas.

23. ¿Cuándo la notificación se hará por medio de un anuncio publicado en el Boletín Oficial del Estado?

a) Cuando se ignore el lugar de la notificación.
b) Cuando los interesados en un procedimiento sean conocidos.
c) Cuando intentada la notificación no se hubiera podido practicar.
d) Las respuestas a) y c) son correctas.

24. ¿Qué clase de recurso se puede sustituir en determinados supuestos por procedimientos de mediación y arbitraje?

a) El recurso de alzada.
b) El recurso de revisión.
c) El recurso de reposición.
d) Las respuestas a) y c) son ciertas.

25. ¿Cuándo se dará la terminación presunta del recurso extraordinario de revisión?

a) A los tres meses de su interposición.
b) Al mes de su interposición.
c) Únicamente en el supuesto de que se base en manifiesto error de derecho.
d) No cabe.

26. El acto administrativo está sujeto al principio de legalidad:

a) Siempre.
b) Cuando se trate de actos reglados.
c) Según los casos.
d) No necesariamente.

27. Cuando la Administración Pública actúa como persona de Derecho Privado:

a) Solo puede ser controlada por los Tribunales contencioso-administrativos.
b) No dicta actos administrativos.
c) Su actividad es puramente discrecional.
d) Puede actuar sin límite alguno, como cualquier particular.

28. El interés público convierte a los actos administrativos en:

a) Susceptibles de impugnación directa.
b) Reglados, en parte.

c) Discrecionales.
d) Nada de lo anterior.

29. Un acto general debe:

a) Publicarse.
b) Notificarse a los interesados.
c) Tener un contenido normativo.
d) Elaborarse por un órgano colegiado.

30. El acto que da fin a un expediente administrativo es un/una:

a) Propuesta.
b) Acto definitivo.
c) Informe con propuesta de resolución.
d) Acto trámite.

31. Un ejemplo de acto de trámite es un/una:

a) Decisión con que concluye el procedimiento.
b) Renuncia.
c) Informe emitido en un procedimiento.
d) Ninguno de ellos lo es.

32. Las competencias administrativas hacen referencia a/al/a las:

a) Ente administrativo de que se trate.
b) Atribuciones que por ley se conceden a una Administración Pública.
c) Atribuciones que se otorgan a un órgano administrativo.
d) Nada de lo anterior.

33. El contenido de un acto administrativo ha de ser:

a) Ilícito y determinado.
b) Posible y lícito.
c) Determinado o determinable e ilícito.
d) Imposible y lícito.

34. Las cláusulas accesorias de un acto administrativo forman parte del contenido:

a) Natural del acto.
b) Implícito del mismo.
c) Legal del acto.
d) Eventual del acto.

35. Cuando algo necesariamente forma parte de un acto hablamos de contenido:

a) Natural.
b) Legal.
c) Eventual.
d) Implícito.

36. Los actos deben motivarse:

a) Siempre.
b) Nunca.
c) Cuando decidan un procedimiento.
d) Cuando la ley lo prescriba.

37. No tienen por qué motivarse los actos que:

a) Resuelvan recursos.
b) Limiten derechos subjetivos.
c) Se separen del dictamen de órganos consultivos.
d) Todos los anteriores deben motivarse.

38. En la notificación de todo acto administrativo no es necesario que conste siempre:

a) Su texto íntegro.
b) Los recursos que contra el mismo procedan.
c) Los motivos en que se basa la decisión.
d) El plazo de interposición de los recursos.

39. ¿En qué supuestos la notificación se hará por medio de un anuncio publicado en el Boletín Oficial del Estado?

a) Cuando se ignore el lugar de la notificación.
b) Cuando los interesados en un procedimiento sean conocidos.
c) Cuando intentada la notificación, no se hubiera podido practicar.
d) Las respuestas a) y c) son correctas.

40. Las resoluciones administrativas que vulneren lo establecido en una disposición reglamentaria son:

a) Nulas.
b) Válidas.
c) Anulables.
d) Temporalmente válidas.

41. Para que un acto tenga eficacia retroactiva es necesario que:

a) Limite derechos de los particulares.
b) Restrinja el ejercicio de facultades de los particulares.
c) Imponga deberes u obligaciones.
d) No se lesionen derechos de otras personas.

42. La presunción de legitimidad de los actos administrativos:

a) No admite prueba en contrario.
b) Dependerá de lo que el propio acto establezca.
c) Puede ser objeto de impugnación por el particular.
d) Solo se da cuando la ley expresamente lo diga.

43. Cuando la notificación se practique en el domicilio del interesado, de no hallarse presente, podrá hacerse cargo de la misma cualquier persona que se encuentre en el domicilio, haga constar su identidad y sea:

a) Mayor de catorce años.
b) Mayor de dieciséis años.
c) Mayor de dieciocho años.
d) Mayor de veintiún años.

44. Cuando el Delegado Provincial de una Consejería de una Comunidad Autónoma de una Provincia concreta resuelve un recurso administrativo en materia propia de la Delegación Provincial de otra Consejería de distinta Provincia, incurre en una incompetencia:

a) Funcional y jerárquica.
b) Territorial y jerárquica.
c) Funcional y territorial.
d) Territorial exclusivamente.

45. La incompetencia a que se refiere la pregunta anterior es de carácter:

a) Absoluto y relativo.
b) Absoluto.
c) Relativo.
d) Jerárquico.

46. Cuando la notificación por medios electrónicos sea de carácter obligatorio, se entenderá rechazada cuando:

a) Hayan transcurrido veinte días naturales desde la puesta a disposición de la notificación sin que se acceda a su contenido.
b) Hayan transcurrido diez días naturales desde la puesta a disposición de la notificación sin que se acceda a su contenido.

c) Hayan transcurrido diez días hábiles desde la puesta a disposición de la notificación sin que se acceda a su contenido.

d) Hayan transcurrido veinte días hábiles desde la puesta a disposición de la notificación sin que se acceda a su contenido.

47. Señala la respuesta incorrecta. Los actos administrativos serán objeto de publicación:

a) Cuando así lo establezcan las normas reguladoras de cada procedimiento.

b) Cuando lo aconsejen razones de interés público apreciadas por el órgano competente.

c) Cuando el acto tenga por destinatario a una pluralidad indeterminada de personas.

d) Siempre.

48. Los supuestos de nulidad absoluta de actos administrativos:

a) Son la regla general en nuestro Derecho.

b) Son los recogidos en el artículo 47 de la Ley 39/2015, de 1 de octubre, del Procedimiento Administrativo Común de las Administraciones Públicas, exclusivamente.

c) Pueden establecerse expresamente por una disposición con rango de Ley.

d) Son solo los del artículo 47 citado y de otras leyes formales.

49. Los efectos de una declaración de nulidad absoluta se producen desde:

a) Que se notifica el acto anulatorio.

b) El momento de la declaración de la nulidad.

c) La notificación o publicación del acto anulatorio, según los casos.

d) Se dictó el acto anulado.

50. Los defectos formales en un acto, según reconoce expresamente la ley:

a) Lo vician con nulidad absoluta.

b) Lo vician con anulabilidad en todo caso.

c) Pueden dar lugar a la nulidad absoluta si producen indefensión.

d) Pueden dar lugar a la anulabilidad si producen indefensión.

51. La Administración Pública podrá convalidar un acto:

a) Si el vicio consiste en incompetencia jerárquica.

b) Si el vicio consiste en incompetencia funcional.

c) Si el vicio consiste en incompetencia territorial.

d) En ninguno de los anteriores casos.

52. La Administración Pública no podrá convalidar un acto si el vicio consiste en:

a) Incompetencia jerárquica.

b) La falta de una autorización.

c) Incompetencia funcional.
d) La omisión de un informe facultativo.

53. El recurso de alzada contra actos que no agotan la vía administrativa es:

a) Extraordinario.
b) La regla general.
c) Especial.
d) Inexistente.

54. El recurso de reposición contra actos que no agotan la vía administrativa es:

a) Ordinario.
b) Extraordinario.
c) Especial.
d) Inexistente.

55. El recurso de alzada se presentará:

a) Ante el superior jerárquico del órgano que dictó el acto.
b) Ante el Tribunal contencioso competente.
c) Ante el órgano que dictó el acto.
d) Indistintamente, ante el órgano que dictó el acto o el superior jerárquico que deba decidirlo.

56. La resolución presunta del recurso de alzada se dará, si no recae resolución, al/a los:

a) Quince días de interponerlo.
b) Mes de su interposición.
c) Tres meses de dictarse el acto.
d) En cualquier momento a partir del día siguiente a aquel en que, de acuerdo con su normativa específica, se produzcan los efectos del silencio administrativo.

57. El silencio administrativo en el recurso de alzada puede ser positivo en el siguiente caso:

a) Cuando el recurso se presentó contra un acto presunto desestimatorio de la solicitud del ciudadano.
b) Cuando perjudique al ciudadano.
c) Siempre que beneficie al interés público.
d) En ningún supuesto es positivo.

58. El recurso extraordinario de revisión se interpone contra:

a) Cualquier acto administrativo.
b) Actos que no agotan la vía administrativa.

c) Los actos que agotan la vía administrativa.
d) Los actos firmes exclusivamente.

59. La terminación presunta del recurso extraordinario de revisión se dará:

a) A los tres meses de su interposición.
b) Al mes de su interposición.
c) No cabe.
d) Solo en el supuesto de que se base en manifiesto error de derecho.

60. El recurso extraordinario de revisión por manifiesto error de hecho debe plantearse:

a) A los tres meses desde que se produjo.
b) A los cuatro años desde que se conoció.
c) Dentro de los cuatro años desde la notificación del acto.
d) No puede darse nunca aisladamente.

61. Señala la respuesta incorrecta. La eficacia del acto administrativo puede cesar definitivamente por:

a) El incumplimiento de la condición resolutoria a que pudiera estar sujeto.
b) El transcurso del plazo señalado en el acto, si estaba limitado en el tiempo.
c) La anulación o revocación del propio acto.
d) La desaparición de los presupuestos de hecho que motivaron que se dictase.

62. Se han reinstaurado las reclamaciones económico-administrativas, como recurso administrativo propio, en los/las:

a) Corporaciones Locales en general.
b) Municipios de régimen común.
c) Municipios de gran población.
d) Diputaciones Provinciales cuando gestionen los tributos de los Municipios de la Provincia.

63. Para plantear un recurso administrativo:

a) Hay que tener capacidad jurídica, sin requerirse la capacidad de obrar.
b) Basta con la capacidad de obrar.
c) Se requiere, siempre, ser titular de un derecho subjetivo afectado por el acto que se recurre.
d) Puede hacerlo quien ostente la condición de interesado.

64. Se puede sustituir en determinados supuestos por procedimientos de mediación y arbitraje el:

a) Recurso de alzada.
b) Recurso de revisión.

c) Recurso de reposición.
d) Las respuestas a) y c) son ciertas.

65. Cuando una persona interpone un recurso de alzada denominándolo como recurso de revisión:

a) Deberá desestimarse el recurso por improcedente.
b) Deberá notificársele el error para que lo subsane.
c) No se admitirá el recurso.
d) Deberá resolverse, si del propio recurso se deduce su carácter.

66. La regla general cuando un acto infringe el ordenamiento jurídico es:

a) Su anulabilidad.
b) Su validez temporal.
c) Su nulidad relativa.
d) Las respuestas a) y b) son correctas.

67. El procedimiento, que es la vía a través de la cual se elabora la declaración de voluntad, deseo, conocimiento o juicio de la Administración, en que consiste el acto, es un elemento del acto administrativo de tipo:

a) Objetivo.
b) Subjetivo.
c) Formal.
d) Accidental.

68. Serán motivados, con sucinta referencia de hechos y fundamentos de Derecho:

a) Los actos que se separen del criterio seguido en actuaciones precedentes o del dictamen de órganos consultivos.
b) Los actos que limiten derechos subjetivos o intereses legítimos.
c) Los actos que resuelvan procedimientos de revisión de oficio de disposiciones o actos administrativos, recursos administrativos y procedimientos de arbitraje y los que declaren su inadmisión.
d) Todas las respuestas son correctas.

69. Como consecuencia del principio de congruencia, al resolver un recurso, la Administración Pública:

a) Podrá agravar la situación inicial del recurrente.
b) Deberá ajustarse a las peticiones del recurrente.
c) Lo desestimará, manteniendo el acto administrativo.
d) Solo decidirá sobre las cuestiones planteadas por el recurrente sin entrar en otras que deriven del procedimiento.

70. Pone fin a la vía administrativa un acto de un Director General de un Ministerio en la siguiente materia en la que tenga competencia:

a) Cualquier materia.
b) Una materia que esté descentralizada.
c) De personal.
d) En ningún caso sus actos ponen fin a esta vía administrativa.

71. El recurso de revisión es:

a) Unitario.
b) Ordinario.
c) Especial.
d) Extraordinario.

72. Según pongan fin al expediente administrativo o formen parte del mismo, como una fase del mismo, sin tener carácter resolutivo, los actos administrativos se clasifican en:

a) Actos definitivos y actos de trámite.
b) Actos propios y actos impropios.
c) Actos básicos y actos de trámite.
d) Actos únicos y actos múltiples.

73. Según que la Administración, al dictarlos, se limite a aplicar una norma que le señala claramente la decisión a adoptar en el supuesto del hecho de que se trate, o tenga libertad en la emisión de dicho acto, pudiendo optar entre diversas alternativas que la ley le ofrece, pero sin olvidar que el fin de toda su actuación es el interés general, los actos administrativos se clasifican en:

a) Actos únicos y actos múltiples.
b) Actos de trámite y actos complejos.
c) Actos directos y actos indirectos
d) Actos reglados y actos discrecionales.

74. Contra los actos dictados por un Tribunal de Oposiciones:

a) No cabe recurso alguno.
b) Puede presentarse recurso de alzada ante su Presidente.
c) El recurso de alzada debe entablarse ante la autoridad que nombró al Presidente.
d) Solo es posible el recurso de revisión.

75. No es motivo bastante para interponer un recurso de revisión que:

a) Se haya incurrido en manifiesto error de hecho al dictar el acto.
b) Hubiere mediado cohecho en la resolución.

c) Se haya dictado por órgano manifiestamente incompetente.

d) Hayan influido documentos declarados falsos por sentencia judicial firme.

76. Según provengan de un solo órgano administrativo o de dos o más órganos administrativos, los actos administrativos se clasifican en:

a) Actos únicos y actos múltiples.

b) Actos de trámite y actos complejos.

c) Actos simples y complejos.

d) Actos básicos y actos complejos.

77. Para que pueda entablarse un recurso extraordinario de revisión por error de hecho, este:

a) Ha de ser declarado por sentencia judicial firme.

b) Ha de haberse adoptado por cohecho.

c) Ha de derivar de documentos habidos en el expediente.

d) Nada de lo anterior es cierto.

78. La revocación por la Administración Pública de un acto administrativo de gravamen o no declarativo de derechos:

a) Ha de efectuarse a instancia de los particulares.

b) Está prohibida.

c) Se podrá revocar mientras que no haya transcurrido el plazo de prescripción, siempre que no constituya dispensa o exención no permitida por las Leyes, o sea contraria al principio de igualdad, al interés público o al ordenamiento jurídico.

d) Requiere previo dictamen del Consejo de Estado.

79. En la Administración Local (en concreto, en un Ayuntamiento), la declaración de lesividad de un acto se efectúa a través del/de la:

a) Presidente de la Corporación Local.

b) Junta de Gobierno Local.

c) Pleno.

d) Cualquiera de los anteriores.

80. Un acto anulable, ¿puede ser revisado de oficio por la Administración Pública, una vez transcurridos cuatro años desde que se dictó?

a) Sí, cuando así lo dictamine el Consejo de Estado.

b) No.

c) Sí, cuando incurra en nulidad de pleno derecho y así lo dictamine el Consejo de Estado.

d) Sí, cuando la ilegalidad sea manifiesta y así lo dictamine el Consejo de Estado.

81. Entre los límites de la revisión de los actos administrativos se encuentra:

a) La prescripción de la acción.
b) Su ilegalidad manifiesta.
c) Que atente a derechos subjetivos.
d) Que incurra en nulidad de pleno derecho.

82. Cuando el acto administrativo presenta un vicio que no le hace incurrir en nulidad absoluta ni en anulabilidad, se considera:

a) Irregular.
b) Defectuoso.
c) Inválido.
d) Viciado.

83. La conversión se aplica a los actos:

a) Nulos.
b) Nulos de pleno derecho.
c) Anulables.
d) No cabe la conversión de actos administrativos.

84. Cuando hayan de tenerse en cuenta nuevos hechos o documentos no recogidos en el expediente originario, se pondrán de manifiesto a los interesados para que formulen las alegaciones que estimen procedentes, en un plazo:

a) No inferior a diez días ni superior a quince.
b) De veinte días.
c) No inferior a cinco días ni superior a veinte.
d) De treinta días.

85. Si el acto fuera expreso, el plazo para la interposición del recurso de reposición será de:

a) Tres meses.
b) Diez días.
c) Quince días.
d) Un mes.

Solución al test n.º 8

1. a) Que este puede estar condicionado.

2. a) Natural.

3. b) La regla general.

4. d) Indistintamente, ante el órgano que dictó el acto o el superior jerárquico que deba decidirlo.

5. c) Dentro de los cuatro años desde la notificación del acto.

6. c) Los motivos en que se basa la decisión.

7. d) Actos reglados y actos discrecionales.

8. d) Las respuestas a) y c) son correctas.

9. a) Nulas.

10. d) Eventual del acto.

11. a) Actos definitivos y actos de trámite.

12. d) Está expresamente prohibida.

13. d) En cuya emisión de voluntad han de intervenir, como mínimo, dos órganos administrativos.

14. d) Que se dictó el acto anulado.

15. b) Nulos de pleno derecho.

16. d) Contra los actos firmes exclusivamente.

17. c) Por medios electrónicos.

18. c) Actos simples y complejos.

19. b) Resolverá cuantas cuestiones se deduzcan del expediente.

20. c) Formal.

21. a) Cuando el vicio consiste en incompetencia jerárquica.

22. d) Todas las respuestas son correctas.

23. d) Las respuestas a) y c) son correctas.

24. d) Las respuestas a) y c) son ciertas.

25. a) A los tres meses de su interposición.

26. a) Siempre.

27. b) No dicta actos administrativos.

28. b) Reglados, en parte.

29. a) Publicarse.

30. b) Acto definitivo.

31. c) Informe emitido en un procedimiento.

32. c) Atribuciones que se otorgan a un órgano administrativo.

33. b) Posible y lícito.

34. d) Eventual del acto.

35. a) Natural.

36. d) Cuando la ley lo prescriba.

37. d) Todos los anteriores deben motivarse.

38. c) Los motivos en que se basa la decisión.

39. d) Las respuestas a) y c) son correctas.

40. a) Nulas.

41. d) No se lesionen derechos de otras personas.

42. c) Puede ser objeto de impugnación por el particular.

43. a) Mayor de catorce años.

44. c) Funcional y territorial.

45. b) Absoluto.

46. b) Hayan transcurrido diez días naturales desde la puesta a disposición de la notificación sin que se acceda a su contenido.

47. d) Siempre.

48. c) Pueden establecerse expresamente por una disposición con rango de Ley..

49. d) Se dictó el acto anulado.

50. d) Pueden dar lugar a la anulabilidad si producen indefensión.

51. a) Si el vicio consiste en incompetencia jerárquica.

52. c) Incompetencia funcional.

53. b) La regla general.

54. d) Inexistente.

55. d) Indistintamente, ante el órgano que dictó el acto o el superior jerárquico que deba decidirlo.

56. d) En cualquier momento a partir del día siguiente a aquel en que, de acuerdo con su normativa específica, se produzcan los efectos del silencio administrativo.

57. a) Cuando el recurso se presentó contra un acto presunto desestimatorio de la solicitud del ciudadano.

58. d) Los actos firmes exclusivamente.

59. a) A los tres meses de su interposición.

60. c) Dentro de los cuatro años desde la notificación del acto.

61. a) El incumplimiento de la condición resolutoria a que pudiera estar sujeto.

62. c) Municipios de gran población.

63. d) Puede hacerlo quien ostente la condición de interesado.

64. d) Las respuestas a) y c) son ciertas.

65. d) Deberá resolverse, si del propio recurso se deduce su carácter.

66. d) Las respuestas a) y b) son correctas.

67. c) Formal.

68. d) Todas las respuestas son correctas.

69. b) Deberá ajustarse a las peticiones del recurrente.

70. c) De personal.

71. d) Extraordinario.

72. a) Actos definitivos y actos de trámite.

73. d) Actos reglados y actos discrecionales.

74. c) El recurso de alzada debe presentarse ante la autoridad que nombró al Presidente.

75. c) Se haya dictado por órgano manifiestamente incompetente.

76. c) Actos simples y complejos.

77. c) Ha de derivar de documentos habidos en el expediente.

78. c) Se podrá revocar mientras que no haya transcurrido el plazo de prescripción, siempre que no constituya dispensa o exención no permitida por las Leyes, o sea contraria al principio de igualdad, al interés público o al ordenamiento jurídico.

79. c) Pleno.

80. b) No.

81. a) La prescripción de la acción.

82. a) Irregular.

83. c) Anulables.

84. a) No inferior a diez días ni superior a quince.

85. d) Un mes.

TEST N.º 9

Las disposiciones generales sobre el procedimiento administrativo: Los interesados en el procedimiento. De la actividad de las administraciones públicas: normas generales de actuación; términos y plazos. Garantías del procedimiento. Iniciación, ordenación, instrucción y finalización del procedimiento. Ejecución

1. Salvo en el caso de que en la norma correspondiente se fije plazo distinto, los trámites que deban ser cumplimentados por los interesados deberán realizarse:

a) En el plazo de un mes a partir del siguiente al de la notificación del correspondiente acto.

b) En el plazo de veinte días a partir del siguiente al de la notificación del correspondiente acto.

c) En el plazo de quince días a partir del siguiente al de la notificación del correspondiente acto.

d) En el plazo de diez días a partir del siguiente al de la notificación del correspondiente acto.

2. Señala la respuesta correcta respecto a la emisión de informes:

a) Salvo disposición expresa en contrario, los informes serán facultativos y vinculantes.

b) Los informes serán emitidos a través de medios electrónicos en el plazo de quince días, salvo que una disposición o el cumplimiento del resto de los plazos del procedimiento permita o exija otro plazo mayor o menor.

c) El informe emitido fuera de plazo podrá no ser tenido en cuenta al adoptar la correspondiente resolución.

d) Cuando se soliciten informes preceptivos a un órgano de la misma o distinta Administración, por el tiempo que medie entre la petición, que deberá comunicarse a los interesados, y la recepción del informe, que igualmente deberá ser comunicada a los mismos. Este plazo de suspensión no podrá exceder en ningún caso de un mes.

3. ¿De qué plazo disponen los interesados durante el trámite de audiencia para alegar y presentar los documentos y justificaciones que estimen pertinentes?

a) No inferior a quince ni superior a un mes.

b) No inferior a diez días ni superior a quince.

c) Quince días.
d) Siete días hábiles.

4. A tenor del art. 84 de la Ley 39/2015, de 1 de octubre, del Procedimiento Administrativo Común de las Administraciones Públicas, pondrán fin al procedimiento la resolución:

a) El desistimiento.
b) La renuncia al derecho en que se funde la solicitud.
c) La declaración de caducidad.
d) Todas las respuestas son correctas.

5. ¿Cuál es la forma especial de terminación del procedimiento administrativo?

a) La resolución.
b) La declaración de caducidad.
c) La terminación convencional.
d) El desistimiento.

6. El acuerdo de realización de actuaciones complementarias se notificará a los interesados, concediéndoseles un plazo para formular las alegaciones que tengan por pertinentes tras la finalización de las mismas, de:

a) Siete días.
b) Diez días.
c) Quince días.
d) Un mes.

7. En los procedimientos iniciados a solicitud del interesado, cuando se produzca su paralización por causa imputable al mismo, la Administración le advertirá de que se producirá la caducidad del procedimiento, transcurrido:

a) Quince días.
b) Veinte días.
c) Un mes.
d) Tres meses.

8. Señala la respuesta incorrecta respecto a la caducidad:

a) La caducidad no producirá por sí sola la prescripción de las acciones del particular o de la Administración, pero los procedimientos caducados interrumpirán el plazo de prescripción.
b) No podrá acordarse la caducidad por la simple inactividad del interesado en la cumplimentación de trámites, siempre que no sean indispensables para dictar resolución.

c) Podrá no ser aplicable la caducidad en el supuesto de que la cuestión suscitada afecte al interés general, o fuera conveniente sustanciarla para su definición y esclarecimiento.

d) Tanto la caducidad como la renuncia, solo son posibles en los procedimientos incoados a instancia de los particulares y no en los iniciados de oficio por la propia Administración.

9. El plazo máximo en el que debe notificarse la resolución expresa será el fijado por la norma reguladora del correspondiente procedimiento. Este plazo, salvo que una norma con rango de ley establezca uno mayor o así venga previsto en el Derecho de la Unión Europea, no podrá exceder de:

a) Veinte días.
b) Un mes.
c) Tres meses.
d) Seis meses.

10. ¿Qué recurso cabe contra el acuerdo de acumulación?

a) Ninguno.
b) Recurso de alzada.
c) Recurso de reposición.
d) Recurso extraordinario de revisión.

11. Indica cuál de las siguientes no es una de las formas anormales de terminación del procedimiento administrativo:

a) La declaración de caducidad.
b) El desistimiento.
c) La renuncia al derecho en que se funde la solicitud.
d) La resolución.

12. Las actuaciones complementarias deberán practicarse en un plazo no superior a:

a) Diez días.
b) Quince días.
c) Veinte días.
d) Un mes.

13. Cuando la sanción tenga únicamente carácter pecuniario, el órgano competente para resolver el procedimiento aplicará reducciones sobre el importe de la sanción propuesta de, al menos:

a) El 10%.
b) El 15%.

c) El 20%.
d) El 30%.

14. A tenor del art. 94 del Texto Refundido de la Ley sobre Tráfico, Circulación de Vehículos a Motor y Seguridad Vial, una vez realizado el pago voluntario de la multa, ya sea en el acto de entrega de la denuncia o dentro del plazo de veinte días naturales contados desde el día siguiente al de su notificación, concluirá el procedimiento sancionador con una reducción del importe de la sanción:

a) Del 50%.
b) Del 40%.
c) Del 30%.
d) Del 25%.

15. ¿En qué supuesto excepcional se podrá imponer una sanción sin que se haya tramitado el oportuno procedimiento?

a) En casos de urgencia.
b) En aquellos supuestos donde no dé lugar a dudas la imposición de la sanción.
c) Únicamente en aquellos supuestos donde una norma con rango de ley así lo determine.
d) En ningún caso.

16. ¿En virtud de qué principio se acordarán en un solo acto todos los trámites que, por su naturaleza, admitan un impulso simultáneo y no sea obligado su cumplimiento sucesivo?

a) Del principio de celeridad.
b) Del principio de agilidad administrativa.
c) Del principio de simplificación administrativa.
d) Del principio de eficiencia.

17. La compulsión sobre las personas:

a) Deriva de la propia esencia del acto administrativo.
b) Deriva del principio de ejecutividad de los actos administrativos.
c) Deriva de la posibilidad en manos de la Administración Pública de ejecutar forzosamente algunos actos administrativos.
d) Es similar al lanzamiento administrativo.

18. ¿Cuál es el medio utilizado por la Administración para el cobro de las cantidades líquidas adeudadas a la misma que voluntariamente no han sido abonadas por los obligados a ello?

a) Apremio sobre el patrimonio.
b) Multa coercitiva.

c) Ejecución subsidiaria.
d) Compulsión sobre las personas.

19. La compulsión sobre las personas no procede en los que:

a) Comporten una obligación no personalísima de hacer.
b) Esta obligación sea personalísima de no hacer.
c) Esta obligación sea personalísima de soportar.
d) Se dé cualquiera de las circunstancias anteriores.

20. Entre los medios de ejecución forzosa no se encuentra el/la:

a) Desahucio administrativo.
b) Ejecución subsidiaria.
c) Multa coercitiva.
d) Compulsión sobre la persona.

21. La compulsión sobre las personas:

a) Deriva de la propia esencia del acto administrativo.
b) Deriva del principio de ejecutividad de los actos administrativos.
c) Deriva de la posibilidad en manos de la Administración Pública de ejecutar forzosamente algunos actos administrativos.
d) Es similar al lanzamiento administrativo.

22. Entre los medios de ejecución forzosa no se encuentra el/la:

a) Desahucio administrativo.
b) Ejecución subsidiaria.
c) Multa coercitiva.
d) Compulsión sobre la persona.

23. La notificación de un acto administrativo:

a) Suspende su eficacia hasta que se efectúe tratándose de actos generales.
b) No impide su ejecutividad una vez efectuada.
c) Suspende su eficacia una vez realizada.
d) Ha de hacerse con todo tipo de actos.

24. Para que la Administración Pública pueda imponer multas coercitivas contra un ciudadano en vía de ejecución forzosa de los actos administrativos:

a) Debe existir una norma que se lo permita.
b) Lo puede hacer en cualquier caso.
c) Basta con un reglamento que se lo permita.
d) Debe haber una previsión legal expresa al efecto.

25. La compulsión sobre las personas no procede en los que:

a) Comporten una obligación no personalísima de hacer.
b) Esta obligación sea personalísima de no hacer.
c) Esta obligación sea personalísima de soportar.
d) Se dé cualquiera de las circunstancias anteriores.

Solución al test n.º 9

1. d) En el plazo de diez días a partir del siguiente al de la notificación del correspondiente acto.

2. c) El informe emitido fuera de plazo podrá no ser tenido en cuenta al adoptar la correspondiente resolución.

3. b) No inferior a diez días ni superior a quince.

4. d) Todas las respuestas son correctas.

5. c) La terminación convencional.

6. a) Siete días.

7. d) Tres meses.

8. a) La caducidad no producirá por sí sola la prescripción de las acciones del particular o de la Administración, pero los procedimientos caducados interrumpirán el plazo de prescripción.

9. d) Seis meses.

10. a) Ninguno.

11. d) La resolución.

12. b) Quince días.

13. c) El 20%.

14. a) Del 50%.

15. d) En ningún caso.

16. c) Del principio de simplificación administrativa.

17. c) Deriva de la posibilidad en manos de la Administración Pública de ejecutar forzosamente algunos actos administrativos.

18. a) Apremio sobre el patrimonio.

19. a) Comporten una obligación no personalísima de hacer.

20. a) Desahucio administrativo.

21. c) Deriva de la posibilidad en manos de la Administración Pública de ejecutar forzosamente algunos actos administrativos.

22. a) Desahucio administrativo.

23. b) No impide su ejecutividad una vez efectuada.

24. d) Debe haber una previsión legal expresa al efecto.

25. a) Comporten una obligación no personalísima de hacer.

El Estatuto del Personal al servicio de las Administraciones Públicas de Navarra: Ámbito de aplicación, exclusiones y tipos de personal. Referencia al personal docente y sanitario de la Comunidad Foral de Navarra. Personal al servicio de la Administración de Justicia

1. El Texto Refundido del Estatuto del Personal al servicio de las Administraciones Públicas de Navarra fue aprobado por:

a) Ley Foral.
b) Ley Orgánica.
c) Decreto Foral Legislativo.
d) Decreto-Ley Foral.

2. En el Texto Refundido del Estatuto del Personal al servicio de las Administraciones Públicas de Navarra, se entiende como tales:

a) La Administración de la Comunidad Foral y los organismos públicos dependientes de ella.
b) Las Entidades Locales de Navarra y los organismos públicos dependientes de ellas.
c) Únicamente la Administración de la Comunidad Foral y las Entidades Locales de Navarra.
d) Las respuestas a) y b) son ciertas.

3. Según el Texto Refundido aprobado por el Decreto Foral Legislativo 251/1993, el personal al servicio de las Administraciones Públicas de Navarra está integrado por:

a) El personal contratado.
b) El personal eventual.
c) Los funcionarios públicos.
d) Las tres opciones anteriores son ciertas.

4. Es falso decir, en relación al personal eventual en el ámbito de aplicación del Texto Refundido del Estatuto del Personal al servicio de las Administraciones Públicas de Navarra, que:

a) Se regula en su Título III.
b) Ejercerá exclusivamente, con carácter temporal, cargos políticos de libre designación o funciones de asistencia o asesoramiento a dichos cargos.

c) Podrá ocupar, en algunos casos, puestos de trabajo propios de los funcionarios públicos.

d) Será nombrado y cesado libremente por la Diputación Foral y por las Corporaciones Locales de Navarra.

5. El personal contratado, al que se refiere el Texto Refundido del Estatuto del Personal al servicio de las Administraciones Públicas de Navarra, puede serlo en régimen:

a) Público o privado.
b) Administrativo o laboral.
c) Fijo o temporal.
d) De servicio activo o de servicios especiales.

6. El personal al servicio de las Administraciones Públicas de Navarra, en el ámbito de aplicación del Texto Refundido aprobado por el Decreto Foral Legislativo 251/1993, estará integrado por:

a) Los funcionarios públicos, el personal especial y el personal estatutario.
b) Los funcionarios públicos, el personal eventual y el personal contratado.
c) Los funcionarios públicos y el personal estatutario.
d) Los funcionarios públicos, únicamente.

7. El Título II del Texto Refundido del Estatuto del Personal al servicio de las Administraciones Públicas de Navarra se denomina:

a) Funcionarios Públicos.
b) Disposiciones Generales.
c) Personal Eventual.
d) Personal Contratado.

8. ¿Cómo se denomina el Título V del Texto Refundido del Estatuto del Personal al servicio de las Administraciones Públicas de Navarra?

a) "Funcionarios docentes no universitarios".
b) "Personal docente e investigador universitario".
c) "Profesorado funcionario universitario".
d) "Profesorado de los cuerpos docentes universitarios".

9. La norma foral reguladora del régimen específico del personal adscrito al Servicio Navarro de Salud-Osasunbidea es:

a) La Ley Foral 23/2018, de 19 de noviembre.
b) La Ley Foral 11/1992, de 20 de octubre.
c) El Decreto Foral Legislativo 251/1993, de 30 de agosto.
d) El Decreto-Ley Foral 1/2025, de 7 de mayo.

10. Los funcionarios de una Administración Pública de Navarra, en el ámbito de aplicación del Texto Refundido aprobado por el Decreto Foral Legislativo 251/1993:

a) No podrán ser contratados por la misma Administración en régimen administrativo, en ningún caso.

b) No podrán ser contratados por la misma Administración Pública en régimen administrativo, salvo que se encuentren en la situación de excedencia voluntaria.

c) No podrán ser contratados por la misma Administración Pública en régimen administrativo, salvo que se encuentren en la situación de excedencia forzosa.

d) Podrán ser contratados por la misma Administración Pública en régimen administrativo, cualquiera que sea la situación administrativa en la que se encuentren.

11. El personal contratado en régimen laboral al servicio de las Administraciones Públicas de Navarra, al que se refiere el Texto Refundido aprobado por el Decreto Foral Legislativo 251/1993, se regirá, sin perjuicio de las peculiaridades del carácter público del servicio, por:

a) Las disposiciones específicas que se dicten.

b) Los convenios colectivos que se acuerden.

c) El texto refundido de la Ley del Estatuto de los Trabajadores.

d) Las tres respuestas anteriores son ciertas.

12. El Texto Refundido del Estatuto del Personal al servicio de las Administraciones Públicas de Navarra se aplicará a:

a) Los miembros de la Policía Foral.

b) El personal al servicio de las Entidades Locales de Navarra con las especificidades establecidas para el mismo en la Ley Foral 6/1990, de 2 de julio.

c) El personal adscrito al Servicio Navarro de Salud-Osasunbidea.

d) Los funcionarios sanitarios municipales de Navarra.

13. Es falso decir que las Administraciones Públicas de Navarra, según el Texto Refundido aprobado por el Decreto Foral Legislativo 251/1993, podrán contratar personal en régimen administrativo para:

a) La provisión temporal de las vacantes existentes en sus respectivas plantillas orgánicas, por un plazo máximo de cuatro años.

b) La sustitución del personal.

c) El exceso o acumulación de tareas, por un periodo máximo de nueve meses.

d) La atención de necesidades de personal docente y asistencial en centros docentes debidamente justificadas, siempre que se acredite la insuficiencia de personal fijo para hacer frente a las mismas.

14. «Funcionarios Públicos» es, dentro del Texto Refundido del Estatuto del Personal al servicio de las Administraciones Públicas de Navarra:

a) El Título Preliminar.

b) El Título I.

c) El Título II.
d) El Título III.

15. Los funcionarios a los que se aplica el Texto Refundido del Estatuto del Personal al servicio de las Administraciones Públicas de Navarra no podrán ser contratados por ellas en régimen administrativo:

a) Nunca.
b) Salvo que se encuentren en la situación de excedencia voluntaria.
c) Salvo que se encuentren en la situación de excedencia forzosa.
d) Salvo que se encuentren en la situación de excedencia especial.

16. Es falso decir, en relación al personal al servicio de la Administración de Justicia en Navarra, de acuerdo con el Texto Refundido aprobado por el Decreto Foral 251/1993:

a) Dependerá orgánicamente del Departamento de Interior, Función Pública y Justicia.
b) Dependerá funcionalmente del director o jefe de la oficina o servicio judicial al que esté adscrito.
c) La ordenación de su actividad profesional se regulará por la Ley Orgánica 6/1985, de 1 de julio, del Poder Judicial y disposiciones de desarrollo.
d) La oferta de empleo público de puestos será aprobada inicialmente por el Ministerio de la Presidencia, Justicia y Relaciones con las Cortes y se remitirá al Gobierno de Navarra para su aprobación definitiva.

17. El nombramiento como funcionarios de carrera al servicio de la Administración de Justicia en Navarra será expedido por:

a) El Ministerio de la Presidencia, Justicia y Relaciones con las Cortes.
b) El Rey.
c) El Gobierno de Navarra.
d) El Departamento de Interior, Función Pública y Justicia.

18. ¿Pueden los funcionarios al servicio de la Administración de Justicia en Navarra acceder en la Administración de la Comunidad Foral a puestos de trabajo ajenos a la Administración de Justicia?

a) No.
b) Sí, de conformidad con lo establecido en los Capítulos sobre carrera administrativa y provisión de puestos de trabajo del Título II del Texto Refundido del Estatuto aprobado por el Decreto Foral Legislativo 251/1993.
c) Sí, de conformidad con lo establecido en la Ley Orgánica 6/1985, de 1 de julio, y disposiciones de desarrollo.
d) Sí, de conformidad con las especificidades establecidas en la Ley Foral 6/1990, de 2 de julio

19. El personal eventual, de acuerdo con el Texto Refundido del Estatuto del Personal al servicio de las Administraciones Públicas de Navarra:

a) Ejercerá exclusivamente, con carácter temporal, cargos políticos de libre designación o funciones de asistencia o asesoramiento a dichos cargos.
b) No podrá ocupar, en ningún caso, puestos de trabajo propios de los funcionarios públicos.
c) Será nombrado y cesado libremente por la Diputación Foral y por las Corporaciones Locales de Navarra.
d) Las tres opciones anteriores son ciertas.

20. ¿Qué selección de personal, conforme al Texto Refundido del Estatuto del Personal al servicio de las Administraciones Públicas de Navarra, se efectuará mediante convocatoria pública y a través de pruebas basadas en los principios de mérito y capacidad?

a) La de personal eventual.
b) La de personal contratado en régimen laboral.
c) La del personal contratado en régimen administrativo.
d) Las opciones b) y c) son ciertas.

21. Los funcionarios docentes no universitarios al servicio de la Administración de la Comunidad Foral, se regirán por:

a) Las disposiciones del Título V del Texto Refundido del Estatuto del Personal al servicio de las Administraciones Públicas de Navarra, y en lo no previsto en él, por las contenidas en el resto de dicho Estatuto.
b) La Ley Orgánica 2/2023, de 22 de marzo.
c) En lo no previsto en el Título V del Texto Refundido del Estatuto del Personal al servicio de las Administraciones Públicas de Navarra, por las contenidas en la Ley Foral 11/2022, de 4 de mayo.
d) Las opciones a) y b) son ciertas.

22. El personal contratado en régimen administrativo por el Servicio Navarro de Salud-Osasunbidea (SNS-O):

a) Prestará sus servicios en régimen de dedicación a tiempo completo.
b) Prestará sus servicios en régimen de dedicación a tiempo parcial.
c) Podrá ser contratado a jornada completa o a tiempo parcial, o para atención continuada.
d) Está incorporado con carácter permanente al SNS-O, mediante una relación de servicios profesionales retribuidos, sometida al Derecho Administrativo y regulada estatutariamente.

Solución al test n.º 10

1. c) Decreto Foral Legislativo.

2. d) Las respuestas a) y b) son ciertas.

3. d) Los funcionarios públicos, el personal eventual y el personal contratado.

4. c) Podrá ocupar, en algunos casos, puestos de trabajo propios de los funcionarios públicos.

5. b) Administrativo o laboral.

6. b) Los funcionarios públicos, el personal eventual y el personal contratado.

7. a) Funcionarios Públicos.

8. a) "Funcionarios docentes no universitarios".

9. b) La Ley Foral 11/1992, de 20 de octubre.

10. b) No podrán ser contratados por la misma Administración Pública en régimen administrativo, salvo que se encuentren en la situación de excedencia voluntaria.

11. d) Las tres respuestas anteriores son ciertas.

12. b) El personal al servicio de las Entidades Locales de Navarra con las especificidades establecidas para el mismo en la Ley Foral 6/1990, de 2 de julio.

13. a) La provisión temporal de las vacantes existentes en sus respectivas plantillas orgánicas, por un plazo máximo de cuatro años.

14. c) El Título II.

15. b) Salvo que se encuentren en la situación de excedencia voluntaria.

16. d) La oferta de empleo público de puestos será aprobada inicialmente por el Ministerio de la Presidencia, Justicia y Relaciones con las Cortes y se remitirá al Gobierno de Navarra para su aprobación definitiva.

17. a) El Ministerio de la Presidencia, Justicia y Relaciones con las Cortes.

18. b) Sí, de conformidad con lo establecido en los Capítulos sobre carrera administrativa y provisión de puestos de trabajo del Título II del Texto Refundido del Estatuto aprobado por el Decreto Foral Legislativo 251/1993.

19. d) Las tres opciones anteriores son ciertas.

20. d) Las opciones b) y c) son ciertas.

21. a) Las disposiciones del Título V del Texto Refundido del Estatuto del Personal al servicio de las Administraciones Públicas de Navarra, y en lo no previsto en él, por las contenidas en el resto de dicho Estatuto.

22. c) Podrá ser contratado a jornada completa o a tiempo parcial, o para atención continuada.

TEST N.º 11

Personal en la Administración de la Comunidad Foral de Navarra I: Ingreso: convocatoria. Sistemas de selección. Órganos de selección. Procedimientos de selección. Niveles y grados. Carrera administrativa. Situaciones administrativas

1. ¿Pueden los cónyuges de nacionales de Estados miembros de la Unión Europea acceder a determinados empleos públicos en las Administraciones Públicas de Navarra?

a) Sí, en cualquier caso.
b) Sí, siempre que no estén separados de hecho o de derecho.
c) Sí, siempre que no estén separados de derecho.
d) No, en ningún caso.

2. De acuerdo con el art. 7 del Texto Refundido aprobado por el Decreto Foral Legislativo 251/1993, para ser admitido a las pruebas selectivas para el ingreso como funcionario en las Administraciones Públicas de Navarra se requiere, entre otras cosas:

a) Tener la nacionalidad española.
b) Tener la nacionalidad de un Estado miembro de la Unión Europea, salvo para el acceso a determinados empleos públicos.
c) Ser una de las personas incluidas en el ámbito de aplicación de los Tratados Internacionales celebrados por la Comunidad Europea y ratificados por España, en los que sea de aplicación la libre circulación de trabajadores, salvo para el acceso a determinados empleos públicos.
d) Las tres opciones anteriores son válidas.

3. Los descendientes de nacionales de Estados miembros de la Unión Europea podrán acceder a determinados empleos públicos en las Administraciones Públicas de Navarra cuando:

a) Sean menores de 21 años.
b) Sean mayores de 21 años y vivan a sus expensas.
c) Sean menores de 25 años, en todo caso.
d) Las opciones a) y b) son ciertas.

4. De acuerdo con el Texto Refundido del Estatuto del Personal al servicio de las Administraciones Públicas de Navarra, para ser admitido a las pruebas selectivas para el ingreso como funcionario es requisito necesario, entre otros:

a) Ser mayor de edad y, en su caso, no superar la edad establecida reglamentariamente.

b) Estar en condiciones de obtener el título exigido, en la fecha que termine el proceso selectivo.

c) Poseer la capacidad física y psíquica necesarias para el ejercicio de las correspondientes funciones.

d) Las tres respuestas anteriores son falsas.

5. La condición de funcionario, conforme al Texto Refundido del Estatuto del Personal al servicio de las Administraciones Públicas de Navarra, se adquiere por el cumplimiento sucesivo de varios requisitos, en cuyo último lugar se encuentra:

a) La toma de posesión.

b) El nombramiento conferido por la autoridad competente.

c) La superación de las correspondientes pruebas selectivas.

d) El juramento o promesa de respetar el régimen foral de Navarra, de acatar la Constitución, las leyes, y de cumplir fielmente las obligaciones propias del cargo.

6. De acuerdo con el Texto Refundido del Estatuto del Personal al servicio de las Administraciones Públicas de Navarra, la toma de posesión para la adquisición de la condición de personal funcionario:

a) Se realizará en la fecha que a tal efecto se determine en la resolución de nombramiento, salvo causa suficientemente justificada.

b) Podrá quedar aplazada en el caso de aspirantes que se encuentren disfrutando de una licencia por parto, adopción, guarda con fines de adopción o acogimiento, durante el periodo que se esté disfrutando de manera ininterrumpida.

c) Podrá quedar aplazada en el caso de aspirantes que se encuentren disfrutando de un permiso del progenitor diferente a la madre biológica, durante el periodo que se esté disfrutando de manera ininterrumpida.

d) Las tres opciones anteriores son ciertas.

7. Se reserva la plaza de origen al personal funcionario, en el ámbito de aplicación del Texto Refundido del Estatuto del Personal al servicio de las Administraciones Públicas de Navarra, únicamente durante los primeros dieciocho meses, en el caso de:

a) Excedencia voluntaria por interés particular.

b) Excedencia especial.

c) Excedencia forzosa.

d) Servicios especiales.

8. Los funcionarios a los que se les aplica el Texto Refundido del Estatuto del Personal al servicio de las Administraciones Públicas de Navarra, pueden hallarse en las siguientes situaciones:

a) Servicio activo, servicios especiales y servicios forzosos.
b) Servicio activo, servicios especiales, excedencia y suspensión.
c) Servicio activo, servicios especiales, excedencia y servicios voluntarios.
d) Únicamente en servicio activo o en servicio pasivo.

9. La excedencia de los funcionarios a los que se les aplica el Texto Refundido del Estatuto del Personal al servicio de las Administraciones Públicas de Navarra, podrá ser:

a) Activa o pasiva.
b) Activa, especial o forzosa.
c) Voluntaria, forzosa o pasiva.
d) Voluntaria, especial o forzosa.

10. Procederá declarar, con carácter general, la excedencia voluntaria, a petición del personal funcionario al que se le aplica el Texto Refundido del Estatuto del Personal al servicio de las Administraciones Públicas de Navarra, cuando pase a prestar servicios con carácter fijo en otra Administración Pública, siempre que haya permanecido en servicio activo o situación asimilada, como mínimo, durante:

a) Tres años, contados desde la toma de posesión de la plaza.
b) Dos años, contados desde la toma de posesión de la plaza.
c) Dieciocho meses, contados desde la toma de posesión de la plaza.
d) Un año, contado desde la toma de posesión de la plaza.

11. La excedencia especial de los funcionarios a los que se les aplica el Texto Refundido del Estatuto del Personal al servicio de las Administraciones Públicas de Navarra, no podrá declararse por periodo superior a:

a) 3 años.
b) 2 años.
c) 18 meses.
d) 12 meses.

12. Los funcionarios a los que se les aplica el Texto Refundido del Estatuto del Personal al servicio de las Administraciones Públicas de Navarra, se hallarán en situación de servicio activo:

a) Cuando ocupen plaza correspondiente a funcionarios públicos en la plantilla orgánica de la Administración Pública respectiva.
b) Cuando se hallen pendientes de adscripción a un puesto de trabajo concreto por cese en el anterior.

c) Cuando se les confiera una comisión de servicios de carácter permanente en cualquiera de los organismos públicos.

d) Las opciones a) y b) son correctas.

13. Los funcionarios a los que se les aplica el Texto Refundido del Estatuto del Personal al servicio de las Administraciones Públicas de Navarra, pueden encontrarse en situación de suspensión:

a) Provisional y definitiva.
b) Temporal y definitiva.
c) Voluntaria, especial y forzosa.
d) Provisional y firme.

14. Según el Texto Refundido del Estatuto del Personal al servicio de las Administraciones Públicas de Navarra, puede ser voluntaria, especial o forzosa:

a) La suspensión.
b) La excedencia.
c) La situación administrativa.
d) La carrera administrativa.

15. La carrera administrativa de los funcionarios a los que se les aplica el Texto Refundido del Estatuto del Personal al servicio de las Administraciones Públicas de Navarra consiste en:

a) La promoción de nivel.
b) El ascenso de grado, dentro de cada nivel.
c) El ascenso de categoría, dentro de cada nivel.
d) Las tres respuestas anteriores son ciertas.

16. Es falso decir que la promoción de nivel, de una persona funcionaria a la que se aplica el Texto Refundido aprobado por el Decreto Foral Legislativo 251/1993, se llevará a cabo mediante la reserva de vacantes en las pruebas selectivas de ingreso para su provisión en turno restringido entre los funcionarios pertenecientes a cualquiera de las Administraciones Públicas de Navarra, que reúna, entre los requisitos exigidos:

a) Pertenecer a nivel inferior al de las vacantes convocadas.

b) Poseer la titulación exigida en la convocatoria y acreditar cinco años de antigüedad reconocida en las Administraciones Públicas.

c) No hallarse en situación de excedencia voluntaria cuando se encuentre prestando servicios en otro puesto de trabajo de carácter fijo o temporal en la misma Administración convocante.

d) Superar las correspondientes pruebas selectivas.

17. Los funcionarios a los que se aplica el Texto Refundido del Estatuto del Personal al servicio de las Administraciones Públicas de Navarra:

a) Podrán ascender sucesivamente desde el grado 1 hasta el grado 7 de su respectivo nivel, cualquiera que sea la especialidad de su titulación, formación o profesión.
b) Ascenderán sucesivamente de grado, transcurridos 6 años y 7 meses de permanencia en el grado anterior.
c) Ascenderán sucesivamente de grado, transcurridos 7 años y 6 meses de permanencia en el grado anterior.
d) Ascenderán sucesivamente de grado, transcurridos 6 años de permanencia en el grado anterior.

18. A los efectos previstos en el artículo 1 del Decreto Foral 113/1985, se considerarán Administraciones Públicas de Navarra:

a) La Administración de la Comunidad Foral y las Entidades Locales de Navarra.
b) Los organismos públicos dependientes de la Administración de la Comunidad Foral o de las Entidades Locales de Navarra.
c) La Administración de la Comunidad Foral y los organismos públicos dependientes de ella, únicamente.
d) Las respuestas a) y b) son ciertas.

19. ¿Qué norma aprobó el Reglamento de Ingreso en las Administraciones Públicas de Navarra?:

a) El Decreto Foral 347/1993, de 22 de noviembre.
b) El Decreto Foral 113/1985, de 5 de junio.
c) El Decreto Foral 215/1985, de 6 de noviembre.
d) El Decreto Foral 59/2005, de 14 de marzo.

20. Es falso decir que la convocatoria de ingreso de los funcionarios de las Administraciones Públicas de Navarra, en el ámbito de aplicación del Decreto Foral 113/1985, deberá contener entre otras determinaciones:

a) Número y características de las plazas convocadas.
b) Designación del Tribunal calificador que haya de actuar.
c) Programa que ha de regir las pruebas.
d) Día, mes y año en que han de comenzar los ejercicios, debiendo mediar, entre la publicación de la convocatoria y dicho comienzo, al menos, un mes.

21. Cuando el sistema de selección, para el ingreso de funcionarios de las Administraciones Públicas de Navarra en el ámbito de aplicación del Decreto Foral 113/1985, sea el de concurso-oposición, el conocimiento del euskera de las plazas en la zona mixta se valorará con:

a) Un 11% de la puntuación asignada al resto del baremo de méritos.
b) Un 10% de la puntuación asignada al resto del baremo de méritos.

c) Un 7% de la puntuación asignada al resto del baremo de méritos.

d) Hasta 6,9% de la puntuación asignada al resto del baremo de méritos.

22. Los funcionarios del nivel D de las Administraciones Públicas de Navarra, de acuerdo en el art. 12 del Texto Refundido aprobado por el Decreto Foral Legislativo 251/1993, desarrollarán tareas:

a) Directivas o profesionales, para cuyo ejercicio se requiera título universitario.

b) De asistencia subalterna.

c) De ejecución.

d) Auxiliares o análogas.

23. Para participar en las pruebas para la promoción de nivel, los funcionarios de las Administraciones Públicas de Navarra de los niveles C, D y E, conforme al art. 15 del Texto Refundido aprobado por el Decreto Foral Legislativo 251/1993, deben cumplir, entre otros requisitos, el de:

a) Pertenecer a inferior nivel al de las vacantes convocadas.

b) Poseer la titulación exigida en la convocatoria y acreditar dos años de antigüedad reconocida en las Administraciones Públicas.

c) Acreditar seis años de antigüedad reconocida en las Administraciones Públicas, si no se posee la titulación exigida en la convocatoria.

d) Las tres respuestas anteriores son ciertas.

24. Los funcionarios de las Administraciones Públicas de Navarra, a los que se refiere el artículo 12 del Texto Refundido aprobado por el Decreto Foral Legislativo 251/1993, se integrarán, de acuerdo con la titulación requerida para su ingreso y las funciones que desempeñen, en alguno de los:

a) 4 niveles existentes.

b) 5 niveles existentes.

c) 6 niveles existentes.

d) 7 niveles existentes.

25. El personal funcionario, al que se aplica el Texto Refundido del Estatuto del Personal al servicio de las Administraciones Públicas de Navarra, ¿cuenta con reserva de la plaza de origen?

a) No.

b) Sí, durante los primeros seis meses.

c) Sí, durante los primeros dieciocho meses.

d) Sí, durante los primeros tres años.

26. Los funcionarios, en el ámbito de aplicación del Texto Refundido del Estatuto del Personal al servicio de las Administraciones Públicas de Navarra, que se hallen en situación de suspensión provisional sólo tendrán derecho a percibir las retribuciones que les correspondan en concepto de:

a) Ayuda familiar.
b) Sueldo inicial de su respectivo nivel y ayuda familiar.
c) Sueldo inicial de su respectivo nivel, grado y ayuda familiar.
d) Sueldo inicial de su respectivo nivel, grado, premio por antigüedad y ayuda familiar.

27. Para desempeñar cargos directivos en partidos políticos u organizaciones sindicales o profesionales que sean incompatibles con el ejercicio de la función pública, por personal funcionario al que se aplica el Texto Refundido del Estatuto del Personal al servicio de las Administraciones Públicas de Navarra, procederá declarar:

a) La excedencia voluntaria, a petición del mismo.
b) La excedencia especial.
c) La excedencia forzosa.
d) La situación de servicios especiales.

28. El personal funcionario al que se aplica el Texto Refundido del Estatuto del Personal al servicio de las Administraciones Públicas de Navarra se hallará en la situación de servicios especiales:

a) Cuando sea contratado en régimen administrativo para la sustitución del personal por el Servicio Navarro de Salud-Osasunbidea.
b) Cuando sea contratado en régimen administrativo para el exceso o acumulación de tareas, por un periodo máximo de nueve meses, por el Servicio Navarro de Salud-Osasunbidea.
c) Cuando desempeñe, en concepto de personal eventual, funciones de asistencia o asesoramiento a cargos políticos.
d) Cuando sea contratado en régimen administrativo para la atención de necesidades de personal debidamente justificadas por el Servicio Navarro de Salud-Osasunbidea.

Solución al test n.º 11

1. c) Sí, siempre que no estén separados de derecho.

2. d) Las tres opciones anteriores son válidas.

3. d) Las opciones a) y b) son ciertas.

4. c) Poseer la capacidad física y psíquica necesaria para el ejercicio de las correspondientes funciones.

5. a) La toma de posesión.

6. d) Las tres opciones anteriores son ciertas.

7. a) Excedencia voluntaria por interés particular.

8. b) Servicio activo, servicios especiales, excedencia y suspensión.

9. d) Voluntaria, especial o forzosa.

10. b) Dos años, contados desde la toma de posesión de la plaza.

11. a) 3 años.

12. d) Las respuestas a) y b) son correctas.

13. d) Provisional y firme.

14. b) La excedencia.

15. d) Las tres respuestas anteriores son ciertas.

16. c) No hallarse en situación de excedencia voluntaria cuando se encuentre prestando servicios en otro puesto de trabajo de carácter fijo o temporal en la misma Administración convocante.

17. b) Ascenderán sucesivamente de grado, transcurridos 6 años y 7 meses de permanencia en el grado anterior.

18. d) Las respuestas a) y b) son ciertas.

19. b) El Decreto Foral 113/1985, de 5 de junio.

20. d) Día, mes y año en que han de comenzar los ejercicios, debiendo mediar, entre la publicación de la convocatoria y dicho comienzo, al menos, un mes.

21. c) Un 7% de la puntuación asignada al resto del baremo de méritos.

22. d) Auxiliares o análogas.

23. a) Pertenecer a inferior nivel al de las vacantes convocadas.

24. b) 5 niveles existentes.

25. a) Excedencia voluntaria por interés particular.

26. d) Sueldo inicial de su respectivo nivel, grado, premio por antigüedad y ayuda familiar.

27. a) La excedencia voluntaria, a petición del mismo.

28. c) Cuando desempeñe, en concepto de personal eventual, funciones de asistencia o asesoramiento a cargos políticos.

Personal en la Administración de la Comunidad Foral de Navarra II: Provisión de puestos de trabajo: Concurso de méritos. De libre designación. Provisión interina. Derechos y deberes. Retribuciones. Régimen disciplinario

1. Las retribuciones personales básicas de los funcionarios a los que se les aplica el Texto Refundido del Estatuto del Personal al servicio de las Administraciones Públicas de Navarra son, exclusivamente:

a) Sueldo inicial del correspondiente grado y retribución correspondiente al nivel.

b) Sueldo inicial y premio de antigüedad.

c) Sueldo inicial del correspondiente nivel, retribución correspondiente al grado y premio de antigüedad.

d) Sueldo inicial del correspondiente nivel o grupo, y premio de antigüedad.

2. Las retribuciones anuales de los funcionarios a los que se les aplica el Texto Refundido del Estatuto del Personal al servicio de las Administraciones Públicas de Navarra, se abonarán en:

a) 12 pagas.

b) 13 pagas.

c) 14 pagas.

d) 15 pagas.

3. En concepto de ayuda familiar por cada hijo menor de edad no emancipado, se abonará a los funcionarios a los que se les aplica el Texto Refundido del Estatuto del Personal al servicio de las Administraciones Públicas de Navarra, una cantidad anual que se calculará aplicando al sueldo inicial del nivel E:

a) Un porcentaje del 3,50%.

b) Un porcentaje del 3,00%.

c) Un porcentaje del 15,00%.

d) Un porcentaje del 30%.

4. Es retribución personal básica de los funcionarios a los que se les aplica el Texto Refundido del Estatuto del Personal al servicio de las Administraciones Públicas de Navarra:

a) La indemnización por los gastos realizados por razón del servicio.
b) La retribución correspondiente al grado.
c) La ayuda familiar.
d) La compensación por horas extraordinarias.

5. Los funcionarios a los que se les aplica el Texto Refundido del Estatuto del Personal al servicio de las Administraciones Públicas de Navarra, en situación de servicio activo están obligados:

a) A sustituir en sus funciones a sus compañeros ausentes del servicio, incluidos los superiores.
b) Al ascenso y a la promoción.
c) A residir en la localidad de su destino, en cualquier caso.
d) A suscribir un plan de pensiones.

6. De acuerdo con el Texto Refundido aprobado por el Decreto Foral Legislativo 251/1993, las Administraciones Públicas de Navarra podrán convocar procesos de movilidad interna, dentro del ámbito de adscripción del personal a su servicio, que se realizarán con una periodicidad:
a) Anual conforme a las disposiciones que se dicten reglamentariamente.
b) Bienal conforme a las disposiciones que se dicten reglamentariamente.
c) Anual conforme a las disposiciones que se dicten legalmente.
d) Bienal conforme a las disposiciones que se dicten legalmente.

7. Es falso decir, en relación a la empleada al servicio de las Administraciones Públicas de Navarra víctima de violencia sobre la mujer a la que se aplica el Texto Refundido aprobado por el Decreto Foral Legislativo 251/1993, que se vea obligada a abandonar el puesto de trabajo en la localidad donde venía prestando sus servicios para hacer efectiva su protección o su derecho a la asistencia social integral, que:

a) Tendrá derecho preferente a ocupar otro puesto de trabajo propio de su categoría profesional sin necesidad de que sea vacante de necesaria cobertura y sin sufrir merma alguna en sus retribuciones.
b) El órgano competente estará obligado a comunicarle las vacantes ubicadas en la misma localidad o localidades que la interesada expresamente solicite.
c) El traslado tendrá una duración inicial de seis meses, ampliables hasta el final del curso escolar para el personal docente.
d) Siempre que esté acreditada conforme al artículo 4 de la Ley Foral 14/2015, de 10 de abril, podrá solicitar su movilidad a otra Administración Pública, pero sólo dentro de la Comunidad Foral de Navarra.

8. El personal funcionario de las Administraciones Públicas de Navarra al que se aplica el Texto Refundido del Estatuto aprobado por el Decreto Foral Legislativo 251/1993, tendrá derecho al disfrute de:

a) Dos días adicionales de vacaciones al alcanzar quince años de antigüedad.
b) Tres días adicionales de vacaciones al alcanzar veinte años de antigüedad.
c) Cuatro días adicionales de vacaciones al alcanzar treinta años de antigüedad.
d) Las tres opciones anteriores son ciertas.

9. Excepcionalmente, la reducción de jornada de trabajo al personal funcionario al que se aplica el Texto Refundido el Estatuto del Personal al servicio de las Administraciones Públicas de Navarra, sin reducción de las retribuciones, para el cuidado del hijo o hija afectado por cáncer o por otra enfermedad grave que requiera la necesidad de su cuidado directo, continuo y permanente, durante el tratamiento continuado de la enfermedad, haya precisado o no de hospitalización previa, podrá alcanzar un porcentaje superior, como máximo hasta:

a) el 50 por ciento.
b) El 65 por ciento.
c) El 99,99 por ciento, cuando se acredite debidamente su necesidad para tal fin.
d) El 100 por cien, cuando se acredite debidamente su necesidad para tal fin.

10. Es falta muy grave de los funcionarios a los que se aplica el Texto Refundido del Estatuto del Personal al servicio de las Administraciones Públicas de Navarra:

a) Más de doce faltas de puntualidad, dentro del mismo mes, sin causa justificada.
b) El incumplimiento del deber de secreto profesional.
c) La falta de respeto a las autoridades, superiores, compañeros, subordinados y administrados.
d) El acoso sexual.

11. Las faltas muy graves de los funcionarios a los que se aplica el Texto Refundido del Estatuto del Personal al servicio de las Administraciones Públicas de Navarra podrán ser objeto de sanción de:

a) Suspensión de funciones de uno a cinco años.
b) Suspensión de funciones hasta un año.
c) Suspensión de empleo y sueldo de cinco a treinta días.
d) Traslado forzoso con cambio de residencia.

12. Las faltas leves, de los funcionarios a los que se aplica el Texto Refundido del Estatuto del Personal al servicio de las Administraciones Públicas de Navarra, podrán ser objeto de sanción de:

a) Suspensión de empleo y sueldo de uno a cuatro días.
b) Traslado sin cambio de residencia.

c) Apercibimiento.
d) Las respuestas a) y c) son ciertas.

13. Las faltas disciplinarias de los funcionarios a los que se aplica el Texto Refundido del Estatuto del Personal al servicio de las Administraciones Públicas de Navarra prescribirán:

a) Al mes las leves, al año las graves y a los tres años las muy graves.
b) Al año las leves, a los dos años las graves y a los tres años las muy graves.
c) A los seis meses las leves, a los dos años las graves y a los tres años las muy graves.
d) Al mes las leves, a los seis meses las graves y a los dos años las muy graves.

14. Las sanciones impuestas por faltas leves, a los funcionarios a los que se aplica el Texto Refundido del Estatuto del Personal al servicio de las Administraciones Públicas de Navarra, prescribirán:

a) Al mes.
b) A los seis meses.
c) Al año.
d) A los dos años.

15. Las sanciones a los funcionarios a los que se aplica el Texto Refundido del Estatuto del Personal al servicio de las Administraciones Públicas de Navarra:

a) Que se impongan por faltas graves prescribirán al año.
b) Que se impongan por faltas graves prescribirán a los dos años.
c) Que se impongan por faltas muy graves prescribirán a los dos años.
d) Se impondrán, por faltas leves, por el superior jerárquico del funcionario, previa incoación de un expediente sumario que garantice, en todo caso, la audiencia previa del interesado.

16. A los funcionarios en el ámbito de aplicación del Texto Refundido del Estatuto del Personal al servicio de las Administraciones Públicas de Navarra:

a) Les está prohibida la residencia en una localidad distinta de la de su destino.
b) La residencia en una localidad distinta de la de su destino les implicará compensación por el desplazamiento al lugar de trabajo.
c) No se les podrá exigir en ningún caso, por las Administraciones Públicas, la residencia en la localidad de su destino.
d) Ninguna de las opciones anteriores es cierta.

17. De acuerdo con el art. 57 del Texto Refundido del Estatuto del Personal al servicio de las Administraciones Públicas de Navarra:

a) Los funcionarios públicos no podrán invocar o hacer uso de su condición de tales para el ejercicio de actividades mercantiles, industriales o profesionales.
b) El desempeño de la función pública será incompatible con el ejercicio de cualquier cargo, profesión o actividad privados, en todo caso.

c) El desempeño de la función pública será incompatible con el ejercicio de cualquier cargo, profesión o actividad públicos, en todo caso.

d) Será compatible el desempeño de la función pública con el ejercicio de cualquier cargo, profesión o actividad honoríficos, en todo caso.

18. Es falso que sea retribución complementaria del puesto de trabajo de los funcionarios en el ámbito de aplicación del Texto Refundido del Estatuto del Personal al servicio de las Administraciones Públicas de Navarra:

a) El complemento de dedicación exclusiva.
b) El complemento por el desplazamiento al lugar de trabajo.
c) El complemento de prolongación de jornada.
d) El complemento de especial riesgo.

19. ¿Podrán devengar horas extraordinarias los funcionarios, en del ámbito de aplicación del Texto Refundido del Estatuto del Personal al servicio de las Administraciones Públicas de Navarra, que perciban el complemento de dedicación exclusiva?

a) No.
b) Sí, siendo retribuidas en la forma y cuantía que reglamentariamente se determinen.
c) Sí, siendo retribuidas en la forma y cuantía que legalmente se determinen.
d) Sí, y también por los servicios retribuidos con el complemento de prolongación de jornada.

20. El desempeño de la función pública por los funcionarios, en el ámbito de aplicación del Texto Refundido del Estatuto del Personal al servicio de las Administraciones Públicas de Navarra, será incompatible con el ejercicio de cualquier cargo, profesión o actividad, públicos o privados, por cuenta propia o ajena, retribuidos o meramente honoríficos, que:

a) Impidan o menoscaben el estricto cumplimiento de los deberes del funcionario.
b) Comprometan su imparcialidad o su independencia.
c) Perjudiquen los intereses generales.
d) Las tres opciones anteriores son ciertas.

21. El sueldo inicial de los funcionarios del nivel C de las Administraciones Públicas de Navarra, en el ámbito de aplicación del Texto Refundido aprobado por el Decreto Foral Legislativo 251/1993, tendrá un índice de proporcionalidad:

a) 1,15.
b) 1,35.
c) 1,65.
d) 2.

22. La cuantía del complemento de dedicación exclusiva, de los funcionarios en el ámbito de aplicación del Texto Refundido del Estatuto del Personal al servicio de las Administraciones Públicas de Navarra, consistirá en un porcentaje del sueldo inicial del correspondiente nivel del:

a) 35%.
b) 40%.
c) 55%.
d) 75%.

23. Es una retribución complementaria del puesto de trabajo de los funcionarios en el ámbito de aplicación del Texto Refundido del Estatuto del Personal al servicio de las Administraciones Públicas de Navarra:

a) La retribución del correspondiente grado.
b) El premio de antigüedad.
c) La ayuda familiar.
d) El complemento de puesto de trabajo.

24. Al cumplir el 5.º quinquenio el premio de antigüedad a un funcionario, en el ámbito de aplicación del Texto Refundido del Estatuto del Personal al servicio de las Administraciones Públicas de Navarra, se abonará el siguiente porcentaje del sueldo inicial de nivel E:

a) 5,5%.
b) 7%.
c) 8%.
d) 9%.

25. La cuantía del complemento de incompatibilidad de un funcionario, en el ámbito de aplicación del Texto Refundido del Estatuto del Personal al servicio de las Administraciones Públicas de Navarra, consistirá en un porcentaje del sueldo inicial del correspondiente nivel del:

a) 35%.
b) 40%.
c) 55%.
d) 75%.

26. Es falso que los funcionarios en situación de servicio activo a los que se les aplica el Texto Refundido del Estatuto del Personal al servicio de las Administraciones Públicas de Navarra, estén obligados a:

a) Servir con objetividad los intereses generales, cumpliendo de modo fiel, estricto, imparcial y diligente las funciones propias de su cargo.
b) Responsabilizarse con su firma de los informes, proyectos o actuaciones profesionales que realicen en el ejercicio de su cargo.

c) Invocar su condición de tales para el ejercicio de actividades mercantiles, industriales o profesionales.

d) Contribuir a la financiación del régimen de derechos pasivos.

27. A un funcionario, al que se le aplica el Texto Refundido del Estatuto del Personal al servicio de las Administraciones Públicas de Navarra, que tenga 2 hijos menores de edad no emancipados, se le abonará, en concepto de ayuda familiar, una cantidad anual que se calculará aplicando al sueldo inicial del nivel E un porcentaje del:

a) 3%.
b) 3,50%.
c) 6%
d) 30%.

28. La retribución correspondiente al grado del funcionario, al que se le aplica el Texto Refundido del Estatuto del Personal al servicio de las Administraciones Públicas de Navarra, consistirá en un porcentaje acumulativo del sueldo inicial del respectivo nivel. ¿Cuál es?

a) Del 9 por ciento, incluido el grado 1.
b) Del 9 por ciento, a partir del grado 2.
c) Del 10 por ciento, a partir del grado 2.
d) Del 11 por ciento, a partir del grado 2.

29. Es falso decir, en relación al Decreto Foral 215/1985, de 6 de noviembre, que:

a) Tiene tres Títulos.

b) Será de aplicación a los procedimientos de ingreso y de promoción de nivel de los funcionarios de las Administraciones Públicas de Navarra incluidos en el ámbito de aplicación del Texto Refundido del Estatuto aprobado por el Decreto Foral Legislativo 251/1993, de 30 de agosto.

c) A los efectos previstos en su artículo 1, se considerarán Administraciones Públicas de Navarra la Administración de la Comunidad Foral, las Entidades Locales de Navarra y los organismos públicos dependientes de ambas.

c) La provisión de las vacantes correspondientes a puestos de trabajo reservados a los funcionarios en su ámbito de aplicación y que no sean de libre designación se realizará mediante concurso de méritos.

30. Es falso decir, según el Decreto Foral 215/1985, de 6 de noviembre, que los puestos de trabajo reservados en las plantillas orgánicas a los funcionarios se proveerán por el procedimiento de:

a) Adjudicación provisional.
d) Designación interina.
c) Concurso de méritos.
d) Concurso-oposición.

Solución al test n.º 12

1. c) Sueldo inicial del correspondiente nivel, retribución correspondiente al grado y premio de antigüedad.

2. c) 14 pagas.

3. b) Un porcentaje del 3,00%.

4. b) La retribución correspondiente al grado.

5. a) A sustituir en sus funciones a sus compañeros ausentes del servicio, incluidos los superiores.

6. b) Bienal conforme a las disposiciones que se dicten reglamentariamente.

7. d) Siempre que esté acreditada conforme al artículo 4 de la Ley Foral 14/2015, de 10 de abril, podrá solicitar su movilidad a otra Administración Pública, pero sólo dentro de la Comunidad Foral de Navarra.

8. c) Cuatro días adicionales de vacaciones al alcanzar treinta años de antigüedad.

9. c) El 99,99 por ciento, cuando se acredite debidamente su necesidad para tal fin.

10. d) El acoso sexual.

11. a) Suspensión de funciones de uno a cinco años.

12. d) Las respuestas a) y c) son ciertas.

13. a) Al mes las leves, al año las graves y a los tres años las muy graves.

14. c) Al año.

15. b) Que se impongan por faltas graves prescribirán a los dos años.

16. d) Ninguna de las opciones anteriores es cierta.

17. a) Los funcionarios públicos no podrán invocar o hacer uso de su condición de tales para el ejercicio de actividades mercantiles, industriales o profesionales.

18. b) El complemento por el desplazamiento al lugar de trabajo.

19. a) No.

20. d) Las tres opciones anteriores son ciertas.

21. b) 1,35.

22. c) 55%.

23. d) El complemento de puesto de trabajo.

24. c) 8%.

25. a) 35%.

26. c) Invocar su condición de tales para el ejercicio de actividades mercantiles, industriales o profesionales.

27. c) 6%

28. b) Del 9 por ciento, a partir del grado 2.

29. b) Será de aplicación a los procedimientos de ingreso y de promoción de nivel de los funcionarios de las Administraciones Públicas de Navarra incluidos en el ámbito de aplicación del Texto Refundido del Estatuto aprobado por el Decreto Foral Legislativo 251/1993, de 30 de agosto.

30. d) Concurso-oposición.

TEST N.º 13

La Ley Orgánica 3/2007, de 22 de marzo, para la igualdad efectiva de hombres y mujeres: El principio de igualdad y la tutela contra la discriminación. La Ley Foral 17/2019, de 4 de abril, de igualdad entre mujeres y hombres

1. ¿Qué artículo de la Constitución proclama que los españoles son iguales ante la ley, sin que pueda prevalecer discriminación alguna por razón de nacimiento, raza, sexo, religión, opinión o cualquier otra condición o circunstancia personal o social?

a) Artículo 9.
b) Artículo 11.
c) Artículo 14.
d) Artículo 18.

2. El Tratado de Roma señala en su artículo 3, tras su modificación por el Tratado de Ámsterdam, que todas las acciones y políticas comunitarias estarán inspiradas por el siguiente objetivo:

a) Erradicar la violencia de género.
b) Eliminar las desigualdades entre el hombre y la mujer y promover su igualdad.
c) Disminuir la brecha de género y acabar con la discriminación por razón de sexo.
d) Facilitar el empoderamiento de la mujer mediante la exigencia de la presencia equilibrada de la mujer en los centros de dirección.

3. El objeto y el ámbito de aplicación de la Ley para la Igualdad efectiva entre Mujeres y Hombres, vienen recogidos en su:

a) Disposición Final Primera.
b) Disposición Adicional Primera.
c) Título Primero.
d) Título Preliminar.

4. Según su artículo 1, la LO 3/2007 tiene por objeto hacer efectivo el derecho de:

a) Conciliación de la vida laboral y familiar de mujeres y hombres.
b) Igualdad de trato y de oportunidades entre mujeres y hombres.
c) Participación en los asuntos públicos en igualdad de condiciones.
d) No discriminación por razón de sexo.

5. Las obligaciones establecidas en la LO 3/2007 son de aplicación a:

a) A toda persona, física o jurídica, que se encuentre o actúe en territorio español, cualquiera que fuese su nacionalidad, domicilio o residencia.
b) A todos los ciudadanos españoles, ya sea en territorio español o territorio de cualquier país extranjero.
c) A toda persona, física o jurídica, que se encuentre o actúe en territorio español, con nacionalidad española.
d) A toda persona, física o jurídica, que resida en territorio español, cualquiera que fuese su nacionalidad.

6. Señalar la opción incorrecta. Según el artículo 3 de la LO 3/2007, el principio de igualdad de trato entre mujeres y hombres supone la ausencia de toda discriminación, directa o indirecta, por razón de sexo, y especialmente, las derivadas de:

a) La maternidad.
b) La tendencia sexual.
c) La asunción de obligaciones familiares.
d) El estado civil.

7. Según el artículo 4 de la LO 3/2007, la igualdad de trato y de oportunidades entre mujeres y hombres:

a) Es un deber de las Administraciones Públicas.
b) Es una fuente formal del Derecho.
c) Es un principio informador del ordenamiento jurídico.
d) Es un objetivo fundamental del procedimiento administrativo.

8. El principio de igualdad de trato y de oportunidades entre mujeres y hombres:

a) Sólo se aplica en el ámbito del empleo público.
b) Se garantizará incluso en el acceso al trabajo por cuenta propia.
c) No se aplica en la afiliación y participación en organizaciones sindicales o empresariales.
d) Se garantizará en los términos que prevean los convenios colectivos.

9. La situación en que se encuentra una persona que sea, haya sido o pudiera ser tratada, en atención a su sexo, de manera menos favorable que otra en situación comparable, se considera:

a) Discriminación directa.
b) Acoso sexual.

c) Discriminación indirecta.

d) Violencia de género.

10. Una diferencia de trato basada en una característica relacionada con el sexo, ¿constituye discriminación en el acceso al empleo?

a) Sí, en todo caso.

b) No, siempre que la formación necesaria se base en dicha característica.

c) No, siempre que dicha característica constituya un requisito profesional esencial y determinante.

d) No, si debido a la naturaleza de las actividades profesionales concretas o al contexto en el que se lleven a cabo, dicha característica constituya un requisito profesional esencial y determinante, siempre y cuando el objetivo sea legítimo y el requisito proporcionado.

11. En virtud del artículo 6.2 de la LO 3/2007, la situación en que una disposición, criterio o práctica aparentemente neutros pone a personas de un sexo en desventaja particular con respecto a personas del otro:

a) En cualquier caso constituirá discriminación directa.

b) En cualquier caso constituirá discriminación indirecta.

c) No se considera discriminación indirecta si dicha disposición, criterio o práctica pueden justificarse objetivamente en atención a una finalidad legítima y los medios para alcanzar dicha finalidad son necesarios y adecuados.

d) En ningún caso podrá considerarse discriminación.

12. Conforme al artículo 6.3 de la LO 3/2007, toda orden de discriminar por razón de sexo:

a) Sólo se considera discriminatoria si se ordena discriminar directamente.

b) En ningún caso se puede considerar discriminatoria.

c) Sólo se considera discriminatoria si ordena una discriminación indirecta.

d) En cualquier caso se considera discriminatoria, sea directa o indirecta.

13. En relación con el acoso sexual y con el acoso por razón de sexo:

a) La LO 3/2007 equipara ambos conceptos.

b) La diferencia entre ambos radica en que, mientras el primero se circunscribe al ámbito de lo sexual, el segundo supone un tipo de situaciones laborales discriminatorias mucho más amplias, sin tener porqué existir intencionalidad sexual por parte de la persona agresora.

c) Se diferencian en que el primero supone que hay rechazo por parte de la víctima.

d) La diferencia entre ambos conceptos radica en que en el primer caso se produce discriminación directa y en el segundo discriminación indirecta.

14. A los efectos de la LO 3/2007, definimos como acoso sexual:

a) Cualquier comportamiento realizado en función del sexo de una persona, con el propósito o el efecto de atentar contra su dignidad y de crear un entorno intimidatorio, degradante u ofensivo.

b) La situación en que una disposición, criterio o práctica aparentemente neutros pone a personas de un sexo en desventaja particular con respecto a personas del otro, salvo que dicha disposición, criterio o práctica puedan justificarse objetivamente en atención a una finalidad legítima y que los medios para alcanzar dicha finalidad sean necesarios y adecuados.

c) Todo trato desfavorable a las mujeres relacionado con el embarazo o la maternidad.

d) Cualquier comportamiento, verbal o físico, de naturaleza sexual que tenga el propósito o produzca el efecto de atentar contra la dignidad de una persona, en particular cuando se crea un entorno intimidatorio, degradante u ofensivo.

15. Según el artículo 8 de la LO 3/2007, todo trato desfavorable a las mujeres relacionado con el embarazo o la maternidad constituye:

a) Acoso sexual.
b) Acoso por razón de sexo.
c) Discriminación directa por razón de sexo.
d) Discriminación indirecta por razón de sexo.

16. Cualquier comportamiento realizado en función del sexo de una persona, con el propósito o el efecto de atentar contra su dignidad y de crear un entorno intimidatorio, degradante u ofensivo, constituye:

a) Discriminación directa.
b) Acoso sexual.
c) Acoso por razón de sexo.
d) Discriminación indirecta.

17. Conforme al artículo 7.4 de la LO 3/2007, el condicionamiento de un derecho o de una expectativa de derecho a la aceptación de una situación constitutiva de acoso sexual o de acoso por razón de sexo se considerará:

a) Acto de discriminación por razón de sexo.
b) Creación de un entorno intimidatorio, degradante u ofensivo.
c) Anulable y sin efecto.
d) Indemnizable.

18. En virtud del artículo 9 de la LO 3/2007, cualquier trato adverso o efecto negativo que se produzca en una persona como consecuencia de la presentación por su parte de queja, reclamación, denuncia, demanda o recurso, de cualquier tipo, destinados a impedir su discriminación y a exigir el cumplimiento efectivo del principio de igualdad de trato entre mujeres y hombres, se considerará:

a) Discriminación directa.
b) Discriminación por razón de sexo.
c) Injustificado.
d) Acoso sexual.

19. Para prevenir la realización de conductas discriminatorias en los actos y las cláusulas de los negocios jurídicos, el artículo 10 de la LO 3/2007 prevé la existencia de un sistema de sanciones eficaz y:

a) Proporcionado.
b) Comprensible.
c) Cuantificable.
d) Disuasorio.

20. Según el artículo 10 de la LO 3/2007, los actos y las cláusulas de los negocios jurídicos que constituyan o causen discriminación por razón de sexo se considerarán:

a) Válidos, pero anulables.
b) Nulos y sin efecto.
c) Ilegales.
d) Nulos, pero con efectos.

21. Con el fin de hacer efectivo el derecho constitucional de la igualdad, los Poderes Públicos adoptarán medidas específicas en favor de las mujeres para corregir situaciones patentes de desigualdad de hecho respecto de los hombres. Tales medidas, que serán aplicables en tanto subsistan dichas situaciones, habrán de ser en relación con el objetivo perseguido en cada caso razonables y:

a) Justificadas.
b) Autorizadas judicialmente.
c) Transparentes.
d) Proporcionadas.

22. Conforme al artículo 12 de la LO 3/2007, cualquier persona podrá recabar de los tribunales la tutela del derecho a la igualdad entre mujeres y hombres, de acuerdo con lo establecido en el artículo 53.2 de la Constitución:

a) Siempre que la relación en la que supuestamente se produce la discriminación se encuentre vigente.
b) Incluso tras la terminación de la relación en la que supuestamente se ha producido la discriminación.
c) Siempre que se haya dado por terminada la relación en la que supuestamente se produce la discriminación.
d) A menos que se haya procedido a la suspensión de la relación en la que supuestamente se produce la discriminación.

23. La capacidad y la legitimación para intervenir en los procesos civiles, sociales y contencioso-administrativos que versen sobre la defensa del derecho de igualdad entre mujeres y hombres, corresponden a:

a) La persona acosada, únicamente.
b) Cualquier ciudadano.

c) Las personas físicas y jurídicas con interés legítimo.

d) Cualquier persona jurídica.

24. De acuerdo con las leyes procesales, en aquellos procedimientos en los que las alegaciones de la parte actora se fundamenten en actuaciones discriminatorias, por razón de sexo, corresponderá a la persona demandada probar la ausencia de discriminación en las medidas adoptadas y su proporcionalidad. A tales efectos, el órgano judicial:

a) A instancia de parte, podrá recabar, si lo estimase útil y pertinente, informe o dictamen de los organismos públicos competentes.

b) Deberá recabar informe o dictamen de los organismos públicos competentes.

c) De oficio, podrá recabar, si lo estimase útil y pertinente, informe o dictamen de los organismos públicos competentes.

d) De oficio o a instancia de parte, podrá recabar, si lo estimase útil y pertinente, informe o dictamen de los organismos públicos competentes.

25. Para fomentar la autonomía y participación de las mujeres como estrategia para avanzar hacia la justicia social y la consecución de la igualdad los poderes públicos de la Comunidad de Navarra deberán:

a) Garantizar la efectividad del principio constitucional.

b) Empoderar a las mujeres.

c) Promover acciones positivas.

d) Transversalizar el principio de igualdad.

26. Según el artículo 22 de LF 17/2019, todos los anteproyectos de ley foral, las disposiciones normativas de carácter general y los planes que se sometan a la aprobación del Gobierno de Navarra, así como las ordenanzas elaboradas por las Entidades Locales, deberán incorporar:

a) Acciones positivas para promover la consecución de la igualdad real y efectiva entre mujeres y hombres.

b) El principio de representación equilibrada.

c) Transparencia para avanzar en una sociedad democrática que visibilice las desigualdades para actuar contra ellas.

d) Un informe sobre impacto por razón de género.

27. El órgano consultivo y de participación superior en la Comunidad Foral de Navarra en materia de igualdad entre mujeres y hombres es:

a) Las Unidades de Igualdad.

b) El Instituto Navarro para la Igualdad.

c) El Consejo Navarro de Igualdad.

d) La Comisión Interdepartamental para la Igualdad.

28. ¿Qué organismo es el responsable de elaborar el Plan Estratégico para la Igualdad de Navarra?:

a) Las Unidades de Igualdad.
b) El Instituto Navarro para la Igualdad.
c) El Consejo Navarro de Igualdad.
d) La Comisión Interdepartamental para la Igualdad.

29. ¿A quién corresponde promover las políticas necesarias para que el derecho a la igualdad entre mujeres y hombres sea una realidad en el ámbito territorial de la Comunidad Foral de Navarra?

a) Al Gobierno de Navarra.
b) Al Consejo Navarro de Igualdad.
c) Al Departamento de Presidencia del Gobierno de Navarra.
d) Al Instituto Navarro de Igualdad.

30. ¿A quién corresponde la competencia para la imposición de sanciones por infracciones leves o graves en materia de igualdad?

a) A la Consejera o Consejero del Departamento competente en materia de políticas de igualdad.
b) A la persona titular de la Dirección Gerente del Instituto Navarro para la Igualdad.
c) Al departamento de investigación del Gobierno de Navarra.
d) Al órgano competente dependiente del Ministerio Fiscal.

31. Los planes de igualdad de mujeres y hombres del sector público y de las empresas que gestionan servicios públicos, que serán negociados con la representación legal de su personal, deberán cumplir, entre otros, uno de los siguientes requisitos. Indica cuál:

a) Regular en el articulado la propia evaluación, que debe ser cuatrimestral.
b) Incluir medidas específicas para la adecuación, en su caso, a las peculiaridades del rol del padre y la madre.
c) Formar parte, como anexo, del plan de riesgos laborales de la correspondiente Administración Pública u organismos autónomos.
d) Fijar, previa elaboración de un diagnóstico de la situación, los objetivos concretos de igualdad efectiva a alcanzar, las estrategias y prácticas a adoptar para su consecución, así como el establecimiento de sistemas eficaces de seguimiento y evaluación de los objetivos fijados.

32. Para concretar las sanciones que proceda imponer y, en su caso, para graduar la cuantía de las multas y la duración de las sanciones temporales, las autoridades competentes mantendrán la proporción adecuada entre la gravedad del hecho constitutivo de la infracción. Uno de los criterios será:

a) El grado de parentesco con el infractor.
b) La discriminación múltiple y la victimización secundaria.

c) La trascendencia psicológica.
d) El pago de todos los tributos por parte del infractor.

33. Las infracciones graves en materia de igualdad prescriben:

a) A los seis meses.
b) A los tres meses.
c) Al año.
d) A los dos años.

34. A los efectos de la LF 17/2019, existe *reincidencia* **cuando la persona responsable de las infracciones previstas en la misma sea sancionada mediante una resolución firme por otra infracción de la misma naturaleza en el plazo, a contar a partir de la notificación de la resolución, de:**

a) 1 año.
b) 2 años.
c) 3 años.
d) 4 años.

35. El Gobierno de Navarra, las Administraciones Públicas, los organismos públicos vinculados o dependientes, así como las entidades, públicas o privadas, que gestionan servicios públicos deben aprobar, si no disponen ya de él, un plan de igualdad de oportunidades destinado a su personal, si tienen .... trabajadores/as:

a) Entre 10 y 20.
b) Entre 20 y 40.
c) 50 o más.
d) 50 o menos.

Solución al test n.º 13

1. c) Artículo 14.

2. b) Eliminar las desigualdades entre el hombre y la mujer y promover su igualdad.

3. d) Título Preliminar.

4. b) Igualdad de trato y de oportunidades entre mujeres y hombres.

5. a) A toda persona, física o jurídica, que se encuentre o actúe en territorio español, cualquiera que fuese su nacionalidad, domicilio o residencia.

6. b) La tendencia sexual.

7. c) Es un principio informador del ordenamiento jurídico.

8. b) Se garantizará incluso en el acceso al trabajo por cuenta propia.

9. a) Discriminación directa.

10. d) No, si debido a la naturaleza de las actividades profesionales concretas o al contexto en el que se lleven a cabo, dicha característica constituya un requisito profesional esencial y determinante, siempre y cuando el objetivo sea legítimo y el requisito proporcionado.

11. c) No se considera discriminación indirecta si dicha disposición, criterio o práctica pueden justificarse objetivamente en atención a una finalidad legítima y los medios para alcanzar dicha finalidad son necesarios y adecuados.

12. d) En cualquier caso se considera discriminatoria, sea directa o indirecta.

13. b) La diferencia entre ambos radica en que, mientras el primero se circunscribe al ámbito de lo sexual, el segundo supone un tipo de situaciones laborales discriminatorias mucho más amplias, sin tener porqué existir intencionalidad sexual por parte de la persona agresora.

14. d) Cualquier comportamiento, verbal o físico, de naturaleza sexual que tenga el propósito o produzca el efecto de atentar contra la dignidad de una persona, en particular cuando se crea un entorno intimidatorio, degradante u ofensivo.

15. c) Discriminación directa por razón de sexo.

16. c) Acoso por razón de sexo.

17. a) Acto de discriminación por razón de sexo.

18. b) Discriminación por razón de sexo.

19. d) Disuasorio.

20. b) Nulos y sin efecto.

21. d) Proporcionadas.

22. b) Incluso tras la terminación de la relación en la que supuestamente se ha producido la discriminación.

23. c) Las personas físicas y jurídicas con interés legítimo.

24. a) A instancia de parte, podrá recabar, si lo estimase útil y pertinente, informe o dictamen de los organismos públicos competentes.

25. b) Empoderar a las mujeres.

26. d) Un informe sobre impacto por razón de género.

27. c) El Consejo Navarro de Igualdad.

28. b) El Instituto Navarro para la Igualdad.

29. a) Al Gobierno de Navarra.

30. b) A la persona titular de la Dirección Gerente del Instituto Navarro para la Igualdad.

31. d) Fijar, previa elaboración de un diagnóstico de la situación, los objetivos concretos de igualdad efectiva a alcanzar, las estrategias y prácticas a adoptar para su consecución, así como el establecimiento de sistemas eficaces de seguimiento y evaluación de los objetivos fijados.

32. b) La discriminación múltiple y la victimización secundaria.

33. c) Al año.

34. a) 1 año.

35. c) 50 o más.

TEST N.º 14

La Ley Foral 5/2018, de 17 de mayo, de Transparencia, Acceso a la Información Pública y Buen Gobierno: Disposiciones Generales. La Transparencia: Transparencia en la actividad pública y Publicidad Activa. El derecho de acceso a la información pública: normas generales, procedimiento para su ejercicio y régimen de impugnaciones. El Consejo de Transparencia de Navarra

1. Conforme al artículo 1.2 de la Ley Foral 5/2018, de 17 de mayo, de Transparencia, Acceso a la Información Pública y Buen Gobierno, es un fin de esta ley mejorar la organización, clasificación y manejo de:

a) Los recursos de la Comunidad Foral.
b) Los organismos públicos.
c) La información pública.
d) La normativa foral.

2. Según su artículo 3, la LF 5/2018 será aplicable, en cuanto a sus normas de transparencia a las entidades privadas que perciban, durante el periodo de un año, ayudas o subvenciones en una cuantía superior a (a partir de):

a) 20.000 euros.
b) 50.000 euros.
c) 100.000 euros.
d) 120.000 euros.

3. La Ley Foral 5/2018, de 17 de mayo, de Transparencia, Acceso a la Información Pública y Buen Gobierno define como "el uso de datos, información y documentos que obran en poder de las Administraciones y organismos del sector público, por personas físicas o jurídicas, con fines comerciales o no comerciales, siempre que dicho uso no constituya una actividad administrativa pública y que el mismo no esté sujeto a las limitaciones establecidas legalmente", al siguiente término:

a) Publicidad activa.
b) Reutilización.
c) Apertura de datos.
d) Acceso a la información pública.

4. En virtud de qué principio, las reglas del procedimiento para acceder a la información pública deben facilitar el ejercicio del derecho, no pudiendo constituir aquellas, en sí mismas, un obstáculo para dicho acceso:

a) Principio de accesibilidad.
b) Principio de eliminación de la brecha digital.
c) Principio de participación y colaboración ciudadanas.
d) Principio antiformalista del procedimiento.

5. La LF 5/2018, define la transparencia como:

a) Forma de funcionamiento capaz de entablar una permanente conversación con los ciudadanos y ciudadanas con el fin de escuchar lo que dicen y solicitan.
b) La obligación de difundir de forma permanente, veraz y objetiva aquella información pública que resulte relevante para garantizar la difusión de la actividad pública y la acción de gobierno.
c) Valor esencial del sistema de Gobierno Abierto, que impregna toda la actividad y organización de los sujetos obligados que tienen el deber de poner a disposición de la ciudadanía, legítima propietaria de la información pública, bien de manera proactiva, bien previa solicitud, la información pública que posean y de dar a conocer el proceso y las decisiones adoptadas de acuerdo a su competencia, así como las acciones en el ejercicio de sus funciones y la evaluación de las mismas.
d) La posibilidad de acceder a la información pública que obre en poder de las entidades contempladas en el ámbito de aplicación de la presente ley foral, con seguridad sobre su veracidad y sin más requisitos y condiciones que los establecidos en la normativa básica estatal y en esta ley foral.

6. Según el artículo 7 de la LF 5/2018, los sujetos obligados deberán adoptar las medidas necesarias para facilitar a la ciudadanía el conocimiento de la información pública. La información deberá hacerse pública en las sedes electrónicas y espacios digitales de los sujetos obligados, de la siguiente forma (señalar la opción incorrecta):

a) Codificada.
b) Estructurada.
c) Clara.
d) En formato reutilizable.

7. Conforme al artículo 8 de la LF 5/2018, las unidades responsables de la información pública promoverán e implementarán políticas de transparencia proactiva, garantizando su:

a) Seguridad.
b) Confidencialidad.
c) Veracidad.
d) Accesibilidad.

8. ¿Qué registro crea el artículo 9 de la LF 5/2018 en el ámbito de la Administración Foral de Navarra?

a) El registro de información pública.
b) El registro de solicitudes de acceso a la información pública.
c) El registro de solicitantes habilitados para el acceso a la información pública.
d) El registro de unidades responsables de la información pública.

9. Para el cumplimiento de la obligación de transparencia en los términos previstos en la LF 5/2018, los sujetos mencionados en su artículo 2 deben elaborar y mantener actualizada la información cuya divulgación garantice la transparencia de su actividad, al menos con una periodicidad:

a) Mensual.
b) Trimestral.
c) Semestral.
d) Anual.

10. Según el artículo 12 de la LF 5/2018, en referencia a las obligaciones de transparencia de los prestadores de servicios públicos y personas privadas que ejerzan potestades administrativas, las Administraciones Públicas de Navarra podrán acordar, una vez transcurrido el plazo conferido en el requerimiento sin que el mismo hubiera sido atendido, la imposición de multas coercitivas:

a) Previo apercibimiento y audiencia al interesado.
b) Entre 1.000 y 10.000 euros.
c) Que no podrán ser reiteradas.
d) Cuyo total no podrá exceder del quince por ciento del importe del contrato, subvención o instrumento administrativo que habilite para el ejercicio de las funciones públicas o la prestación de los servicios.

11. De conformidad con el artículo 13.1.l) de la LF 5/2018, cualquier ciudadano o ciudadana tendrá derecho a participar (en procesos de participación ciudadana), de acuerdo con lo dispuesto en la legislación aplicable, de manera efectiva y:

a) Subsidiaria.
b) Abierta.
c) Secreta.
d) Real.

12. Respecto a la reutilización de la información pública, es cierto, según el artículo 16 de la LF 5/2018, que:

a) Toda la información publicada o puesta a disposición por el Gobierno de Navarra será reutilizable sin necesidad de autorización previa.
b) La información deberá suministrarse mediante licencias que permitan su uso negociado a precios regulados asequibles y que gocen de amplia aceptación nacional e internacional o que hayan sido consensuadas con otras Administraciones Públicas.

c) Entre las condiciones a las que podrá someterse la reutilización, no podrá figurar la prohibición de modificación del contenido de la información pública o de la alteración de su naturaleza.

d) La puesta a disposición de la información pública para su reutilización podrá realizarse en papel.

13. De conformidad con el artículo 20 de la LF 5/2018, las Administraciones Públicas de Navarra, así como las instituciones públicas y sujetos incluidos en los artículos 2 y 3 de esta ley foral deberán publicar la siguiente información sobre su personal directivo:

a) Registro de obsequios recibidos por razón del cargo, detallando su descripción, persona o entidad que lo realizó, fecha y destino dado a los mismos.

b) Retribuciones de cualquier naturaleza percibidas anualmente por el ejercicio del cargo, incluidas cualesquiera dietas e indemnizaciones, con indicación expresa de los diferentes conceptos retributivos y el importe de los gastos de representación de los que haya hecho uso.

c) Actividades públicas y privadas para las que se haya autorizado o reconocido la compatibilidad.

d) Los viajes y desplazamientos fuera de la Comunidad Foral de Navarra, realizados en el desempeño de su función, indicando el objeto, la fecha y su coste total, incluyendo dietas y otros gastos de representación.

14. La Administración de la Comunidad Foral de Navarra deberá hacer público el plan o acuerdo que determine su programa de actuación durante la correspondiente legislatura. Según el artículo 21.2 de la LF 5/2018, deberá informarse del grado de los cumplimientos:

a) Mensualmente.
b) Trimestralmente.
c) Semestralmente.
d) Anualmente.

15. El Portal de Contratación de Navarra, como medio oficial para la publicidad de las licitaciones, deberá informar de los contratos menores adjudicados, especificando, por órganos o entidades, su objeto, importe, duración, así como el porcentaje que representan respecto de la totalidad de los contratos adjudicados. La relación de estos contratos menores deberá facilitarse, al menos:

a) Mensualmente.
b) Trimestralmente.
c) Semestralmente.
d) Anualmente.

16. Los datos de carácter personal de las personas físicas que resulten beneficiarias de ayudas, subvenciones, prestaciones de carácter social, beneficios fiscales o de otro orden, cuando dichas ayudas tengan por finalidad la integración social de determinados colectivos o de personas en riesgo de exclusión social, o se refieran a la educación, la vivienda o cualquier otra finalidad social por razón de una menor capacidad económica del beneficiario o por otras razones justificadas:

a) Deben ser publicados.
b) En ningún caso serán objeto de publicación.
c) No serán publicados, a menos que la cantidad total a percibir supere los 5.000 euros.
d) No serán objeto de publicación, salvo que una ley disponga lo contrario.

17. El acceso a la información pública requiere:

a) Solicitud previa.
b) Acreditación de la condición de interesado.
c) Motivación expresa.
d) La invocación de la LF 5/2018.

18. Señalar la opción incorrecta. El derecho de acceso a la información pública podrá ser limitado cuando acceder a la información suponga un perjuicio para:

a) Los intereses económicos y comerciales.
b) La garantía de la confidencialidad o el secreto requerido en procesos de toma de decisión.
c) El honor de los funcionarios o cargos directivos.
d) La protección del medio ambiente.

19. Según el artículo 32 de la LF 5/2018, cuando la información solicitada se refiera a personas físicas y los datos no sean especialmente protegidos, el órgano podrá comunicar la información al solicitante si al ponderar la solicitud estima que prevalece el menor perjuicio a los afectados derivado del transcurso del plazo, a partir de la fecha del documento o información, de:

a) 10 años.
b) 25 años.
c) 30 años.
d) 50 años.

20. Si la información pública solicitada incluyese datos personales que hagan referencia a la salud:

a) Sólo se concederá el acceso previa ponderación suficientemente razonada del interés público en la divulgación de la información y los derechos de los afectados cuyos datos aparezcan en la información solicitada.

b) Solo podrá autorizarse el acceso al propio afectado o a su representante.

c) Solo se podrá autorizar el acceso en caso de que se cuente con el consentimiento expreso del afectado.

d) Solo se podrá autorizar el acceso en caso de que se cuente con el consentimiento expreso del afectado, a menos que este hubiera hecho manifiestamente públicos los datos con anterioridad a que se solicitase el acceso o que el acceso estuviera amparado por una norma con rango de ley.

21. La motivación de una solicitud de acceso a la información, según la Ley foral 5/2018:

a) Es requisito ineludible para que se facilite la información.

b) Será causa de rechazo de la solicitud.

c) Las dos respuestas anteriores son ciertas.

d) Se deja a la decisión del solicitante.

22. Conforme al artículo 37 de la LF 5/2018, las solicitudes referidas a información que tenga carácter auxiliar o de apoyo como la contenida en notas, borradores, opiniones, resúmenes, comunicaciones e informes internos o entre órganos o entidades administrativas:

a) Están obligadas a indicar el motivo de la solicitud.

b) Se admitirán previa ponderación suficientemente razonada del interés público en la divulgación de la información.

c) Se inadmitirán a trámite, mediante resolución motivada.

d) Se entenderán dotadas de un carácter abusivo no justificado con la finalidad de transparencia de esta Ley.

23. Según el artículo 39 de la LF 5/2018, si la información solicitada conlleva la comunicación de datos de carácter personal considerados como especialmente protegidos o pueda perjudicar los intereses de terceros, se les concederá un plazo, para que puedan manifestar su consentimiento expreso al acceso a la información o realizar las alegaciones que estimen oportunas, de:

a) Siete días.

b) Diez días.

c) Quince días.

d) Veinte días.

24. Según el artículo 41 de la LF 5/2018, transcurrido el plazo máximo para resolver una solicitud de acceso a información pública sin que se haya dictado y notificado resolución expresa se entenderá:

a) Estimada la solicitud salvo en relación con la información cuya denegación, total o parcial, viniera expresamente impuesta en una norma con rango de ley.

b) Que la solicitud se inadmitía a trámite.

c) Que el plazo para resolver queda prorrogado.

d) Que se suspende el plazo para dictar resolución.

25. Frente a toda resolución expresa o presunta en materia de acceso a la información pública podrá interponerse una reclamación ante el Consejo de Transparencia de Navarra, con carácter potestativo y previo a su impugnación en vía contencioso-administrativa. El plazo máximo para resolver y notificar la resolución será de:

a) 15 días.

b) 1 mes.

c) 3 meses.

d) 6 meses.

Solución al test n.º 14

1. c) La información pública.

2. a) 20.000 euros.

3. b) Reutilización.

4. d) Principio antiformalista del procedimiento.

5. c) Valor esencial del sistema de Gobierno Abierto, que impregna toda la actividad y organización de los sujetos obligados que tienen el deber de poner a disposición de la ciudadanía, legítima propietaria de la información pública, bien de manera proactiva, bien previa solicitud, la información pública que posean y de dar a conocer el proceso y las decisiones adoptadas de acuerdo a su competencia, así como las acciones en el ejercicio de sus funciones y la evaluación de las mismas.

6. a) Codificada.

7. d) Accesibilidad.

8. b) El registro de solicitudes de acceso a la información pública.

9. b) Trimestral.

10. a) Previo apercibimiento y audiencia al interesado.

11. d) Real.

12. a) Toda la información publicada o puesta a disposición por el Gobierno de Navarra será reutilizable sin necesidad de autorización previa.

13. c) Actividades públicas y privadas para las que se haya autorizado o reconocido la compatibilidad.

14. c) Semestralmente.

15. b) Trimestralmente.

16. d) No serán objeto de publicación, salvo que una ley disponga lo contrario.

17. a) Solicitud previa.

18. c) El honor de los funcionarios o cargos directivos.

19. a) 10 años.

20. d) Solo se podrá autorizar el acceso en caso de que se cuente con el consentimiento expreso del afectado, a menos que este hubiera hecho manifiestamente públicos los datos con anterioridad a que se solicitase el acceso o que el acceso estuviera amparado por una norma con rango de ley.

21. d) Se deja a la decisión del solicitante.

22. c) Se inadmitirán a trámite, mediante resolución motivada.

23. c) Quince días.

24. a) Estimada la solicitud salvo en relación con la información cuya denegación, total o parcial, viniera expresamente impuesta en una norma con rango de ley.

25. c) 3 meses.

La Hacienda Pública de Navarra. Régimen jurídico. Derechos y obligaciones. El control: la intervención y el control financiero. El régimen de responsabilidades

1. Constituyen un derecho de naturaleza pública:

a) Los rendimientos o productos de cualquier naturaleza de sus bienes patrimoniales.
b) Los tributos.
c) Los adquiridos por herencia o legado.
d) Los recibidos por donación.

2. Se dispensa de garantía en caso de aplazamiento cuando la deuda sea por un importe inferior a:

a) 12.000 euros.
b) 10.000 euros.
c) 8.000 euros.
d) 6.000 euros.

3. Podrán extinguirse mediante compensación cuantas deudas tengan entre sí los entes integrantes del sector público foral y sean:

a) Vencidas.
b) Líquidas y exigibles.
c) Vencidas y exigibles.
d) Vencidas, líquidas y exigibles.

4. El derecho de la Hacienda Pública Foral de Navarra a reconocer o liquidar créditos a su favor prescribe a los:

a) 3 años.
b) 4 años.
c) 5 años.
d) Nunca.

5. El mínimo a liquidar es de:

a) 10 euros.
b) 20 euros.
c) 30 euros.
d) 50 euros.

6. Las obligaciones de la Hacienda Pública de Navarra sólo son exigibles cuando resulten:

a) De la ejecución de los Presupuestos Generales de Navarra.
b) De sentencia judicial firme.
c) De operaciones financieras legalmente autorizadas.
d) Todas las respuestas anteriores son correctas.

7. La materialización del pago en el cumplimiento de resoluciones judiciales deberá realizarse:

a) Dentro de los dos meses siguientes al día de la notificación de la resolución.
b) Dentro de los tres meses siguientes al día de la notificación de la resolución.
c) Dentro del mes siguiente al día de la notificación de la resolución.
d) Dentro de los seis meses siguientes al día de la notificación de la resolución.

8. El derecho a exigir de la Hacienda Pública de Navarra el reconocimiento o liquidación de todas aquellas obligaciones cuyo reconocimiento o liquidación no se hubiese solicitado con presentación de los documentos acreditativos del cumplimiento de los requisitos exigidos para ello prescribirán a los:

a) 3 años.
b) 4 años.
c) 5 años.
d) Nunca. Son imprescriptibles.

9. El órgano competente para el control económico-financiero interno de la Comunidad Foral de Navarra es:

a) Tribunal de Cuentas.
b) Cámara de Comptos.
c) Departamento de Presidencia.
d) Departamento de Economía y Hacienda.

10. ¿Cuál de los siguientes NO es un objetivo del control financiero?

a) Verificar el cumplimiento de la normativa aplicable.
b) Comprobar la correcta contabilización de operaciones.

c) Ejecutar directamente el gasto público.
d) Evaluar la gestión según los principios de buena gestión financiera.

11. Entre las funciones del control interno no se incluye:

a) Función interventora.
b) Control financiero permanente.
c) Fiscalización externa por la Cámara de Comptos.
d) Auditoría pública.

12. Los principios que rigen las funciones de control interno son:

a) Centralización y autonomía.
b) Jerarquía externa y autonomía.
c) Autonomía, ejercicio desconcentrado y jerarquía interna.
d) Control político y descentralización.

13. ¿Qué principio se aplica cuando existen discrepancias durante el ejercicio del control?

a) Principio de subsidiariedad.
b) Principio contradictorio.
c) Principio de inmediatez.
d) Principio de legalidad interna.

14. Relaciona correctamente el control de auditoría operativa con su característica principal:

a) Verifica la aplicación efectiva de los fondos públicos.
b) Evalúa la racionalidad económico-financiera de operaciones y procesos.
c) Controla el cumplimiento de los objetivos presupuestarios.
d) Comprueba la adecuación de registros contables.

15. ¿Cuál es el objeto de la intervención material?

a) Verificar el cumplimiento legal de los actos.
b) Fiscalizar las propuestas de pago.
c) Comprobar la aplicación real y efectiva de los fondos públicos.
d) Controlar la ejecución de contratos.

16. ¿Qué tipo de auditoría evalúa la eficiencia en el uso de los recursos públicos?

a) Auditoría de regularidad contable.
b) Auditoría de cumplimiento.
c) Auditoría de economía, eficacia y eficiencia.
d) Auditoría de sistemas y procedimientos.

17. Están exentas de la auditoría pública:

a) Sociedades públicas.
b) Fundaciones públicas.
c) Parlamento de Navarra y el Consejo de Navarra.
d) Organismos autónomos.

18. Señala la opción que no corresponde a un tipo de auditoría pública:

a) Auditoría de cumplimiento.
b) Auditoría de subvenciones.
c) Auditoría operativa.
d) Auditoría parlamentaria.

19. Se elabora anualmente tras las auditorías de cuentas anuales el:

a) Informe resumen anual.
b) Informe de liquidación.
c) Informe presupuestario.
d) Informe de ejecución.

20. Señala qué modalidad de auditoría pública se dirige a verificar la correcta obtención y aplicación de subvenciones:

a) Auditoría operativa.
b) Auditoría de cumplimiento.
c) Auditoría de subvenciones.
d) Auditoría de sistemas.

Solución al test n.º 15

1. b) Los tributos.

2. d) 6.000 euros.

3. d) Vencidas, líquidas y exigibles.

4. b) 4 años.

5. c) 30 euros.

6. d) Todas las respuestas anteriores son correctas.

7. b) Dentro de los tres meses siguientes al día de la notificación de la resolución.

8. b) 4 años.

9. d) Departamento de Economía y Hacienda.

10. c) Ejecutar directamente el gasto público.

11. c) Fiscalización externa por la Cámara de Comptos.

12. c) Autonomía, ejercicio desconcentrado y jerarquía interna.

13. b) Principio contradictorio.

14. b) Evalúa la racionalidad económico-financiera de operaciones y procesos.

15. c) Comprobar la aplicación real y efectiva de los fondos públicos.

16. c) Auditoría de economía, eficacia y eficiencia.

17. c) Parlamento de Navarra y el Consejo de Navarra.

18. d) Auditoría parlamentaria.

19. a) Informe resumen anual.

20. c) Auditoría de subvenciones.

TEST N.º 16

Los Presupuestos Generales de Navarra. Principios generales. Contenido, elaboración y aprobación. Los créditos y sus modificaciones. Ejecución y liquidación de los Presupuestos

1. El régimen de la Hacienda Pública de Navarra está previsto en la Ley Foral 13/2007 en el Capítulo:

a) 3.
b) 2.
c) 1.
d) 4.

2. A efectos del régimen presupuestario, forman parte del sector público foral de Navarra:

a) La Cámara Legislativa.
b) El Defensor del Pueblo de Navarra.
c) Los estados financieros de previsión de las entidades públicas empresariales.
d) Todas las respuestas anteriores son correctas.

3. Los Presupuestos Generales de Navarra:

a) Constituyen la expresión cifrada, conjunta y sistemática de los derechos y obligaciones a liquidar durante el ejercicio por cada uno de los órganos y entidades que forman parte del sector público foral definido en el artículo 2 de esta Ley Foral.

b) Constituyen la expresión contable, conjunta y sistemática de los derechos y obligaciones a liquidar durante el ejercicio por cada uno de los órganos y entidades que forman parte del sector público foral definido en el artículo 2 de esta Ley Foral.

c) Constituyen la expresión cifrada, conjunta y sistemática de las obligaciones a liquidar durante el ejercicio por cada uno de los órganos y entidades que forman parte del sector público foral definido en el artículo 2 de esta Ley Foral.

d) Constituyen la expresión cifrada, contable, conjunta y sistemática de los derechos y obligaciones a liquidar durante el ejercicio por cada uno de los órganos y entidades que forman parte del sector público foral definido en el artículo 2 de esta Ley Foral.

4. Al proyecto de ley de presupuesto se acompaña:

a) La cuenta consolidada de los presupuestos.

b) Una relación de los créditos para inversiones reales que deban tener continuidad en ejercicios sucesivos.

c) El estado de ejecución de los presupuestos vigentes al término del tercer trimestre y las previsiones de ejecución.

d) Todas las respuestas anteriores son correctas.

5. El presupuesto se prorroga si el nuevo no es aprobado antes de:

a) 30 de noviembre.

b) 31 de diciembre.

c) 1 de enero.

d) 15 de enero.

6. El acto por el cual se manifiesta la intención de realizar un gasto por cuantía cierta o aproximada, con cargo a un determinado crédito se denomina:

a) Autorización del gasto.

b) Disposición del gasto.

c) Materialización del pago.

d) Propuesta de pago.

7. El reconocimiento de la obligación es:

a) El acto por el cual, previos los trámites legales procedentes, se adquiere un compromiso económico con un tercero determinado, reservándose el crédito por cuantía cierta.

b) El acto mediante el cual se contrae en firme un compromiso de pago, con cargo al crédito reservado a tal fin, por haberse cumplido las condiciones recogidas en la disposición del gasto.

c) La operación por la que se expide una propuesta de pago contra la Tesorería.

d) La transferencia bancaria en pago de la obligación contraída.

8. El plazo de rendición de las cuentas en los pagos a justificar es de:

a) 15 días.

b) 1 mes.

c) 45 días.

d) 2 meses.

9. La aprobación o reparo de la cuenta por el órgano competente de los documentos justificativos se llevará a cabo:

a) En los 15 días siguientes a la fecha de aportación de los documentos justificativos.

b) En el mes siguiente a la fecha de aportación de los documentos justificativos.

c) En los dos meses siguientes a la fecha de aportación de los documentos justificativos.
d) En los tres meses siguientes a la fecha de aportación de los documentos justificativos.

10. La liquidación de los Presupuestos de cada ejercicio, en cuanto al reconocimiento de derechos y obligaciones, se efectuará el:

a) 31 de enero del año siguiente al que corresponde.
b) 31 de diciembre del año natural correspondiente.
c) 30 de noviembre del año natural correspondiente.
d) 15 de enero del año siguiente al que corresponde.

11. La estructura presupuestaria de las entidades locales de Navarra viene dada por una:

a) Ley Foral.
b) Decreto.
c) Orden.
d) Instrucción.

12. ¿Cuál no se corresponde con la clasificación económica del gasto?

a) Programa.
b) Capítulo.
c) Subconcepto.
d) Artículo.

13. El Área del Gasto 2 corresponde a:

a) Actuaciones de carácter económico.
b) Producción de bienes públicos de carácter preferente.
c) Actuaciones de protección y promoción social.
d) Deuda Pública.

14 El Área del Gasto 4 corresponde a:

a) Actuaciones de carácter económico.
b) Producción de bienes públicos de carácter preferente.
c) Actuaciones de protección y promoción social.
d) Deuda Pública.

15. El Capítulo III de la clasificación económica del gasto corresponde a:

a) Gastos de personal.
b) Inversiones reales.
c) Transferencias de capital.
d) Gastos financieros.

16. El Capítulo IV de la clasificación económica del gasto corresponde a:

a) Gastos de personal.
b) Inversiones reales.
c) Transferencias corrientes.
d) Gastos financieros.

17. El Capítulo V de la clasificación económica del gasto corresponde a:

a) Gastos financieros.
b) Fondo de Contingencia y Otros imprevistos.
c) Inversiones reales.
d) Transferencias de capital.

18. El Capítulo V de la clasificación económica de ingresos corresponde a:

a) Impuestos indirectos.
b) Ingresos patrimoniales y aprovechamientos comunales.
c)Tasas, precios públicos y otros ingresos.
d) Transferencias corrientes.

19. El Capítulo III de la clasificación económica de ingresos corresponde a:

a) Impuestos indirectos.
b) Ingresos patrimoniales y aprovechamientos comunales.
c)Tasas, precios públicos y otros ingresos.
d) Transferencias corrientes.

20. El Capítulo VIII de la clasificación económica de ingresos corresponde a:

a) Transferencias corrientes.
b) Activos financieros.
c) Pasivos financieros.
d) Transferencias de capital.

Solución al test n.º 16

1. b) 2.

2. d) Todas las respuestas anteriores son correctas.

3. a) Constituyen la expresión cifrada, conjunta y sistemática de los derechos y obligaciones a liquidar durante el ejercicio por cada uno de los órganos y entidades que forma parte del sector público foral definido en el artículo 2 de esta Ley Foral.

4. d) Todas las respuestas anteriores son correctas.

5. c) 1 de enero.

6. a) Autorización del gasto.

7. b) El acto mediante el cual se contrae en firme un compromiso de pago, con cargo al crédito reservado a tal fin, por haberse cumplido las condiciones recogidas en la disposición del gasto.

8. d) 2 meses.

9. b) En el mes siguiente a la fecha de aportación de los documentos justificativos.

10. b) 31 de diciembre del año natural correspondiente.

11. b) Decreto.

12. a) Programa.

13. c) Actuaciones de protección y promoción social.

14. a) Actuaciones de carácter económico.

15. d) Gastos financieros.

16. b) Inversiones reales.

17. b) Fondo de Contingencia y Otros imprevistos.

18. b) Ingresos patrimoniales y aprovechamientos comunales.

19. c)Tasas, precios públicos y otros ingresos.

20. b) Activos financieros.

Ley Foral 2/2018, de 13 de abril, de Contratos Públicos: título preliminar. Los contratistas. Tipología de contratos y régimen jurídico. Reglas de publicidad y procedimientos de adjudicación

1. La contratación administrativa en el sector público viene regulada, a nivel estatal, por:

a) La Ley 9/2017, de 8 de noviembre.
b) La Ley 6/2017, de 24 de octubre.
c) La Ley 3/2017, de 27 de junio.
d) La Ley 4/2017, de 25 de septiembre.

2. Se entenderá que un contrato tiene carácter oneroso en los casos en que:

a) El contratista obtenga algún tipo de beneficio económico de forma directa.
b) El órgano contratante obtenga algún tipo de beneficio económico.
c) El contratista obtenga algún tipo de beneficio económico, ya sea de forma directa o indirecta.
d) Tanto el órgano contratante como el contratista obtienen algún tipo de beneficio económico, ya sea de forma directa o indirecta.

3. A efectos de aplicación de la LF 2/2018, NO se considera Administración Pública:

a) El Parlamento de Navarra.
b) La Universidad Pública de Navarra.
c) Los organismos autónomos de las entidades locales de Navarra.
d) Las entidades públicas empresariales.

4. Se incluyen en el ámbito de aplicación de la Ley 9/2017 de Contratos del Sector Público:

a) Los contratos de servicios de naturaleza precomercial.
b) Los contratos que tengan por objeto servicios relacionados con campañas políticas, cuando sean adjudicados por una Administración Pública.

c) Los contratos relativos a servicios de arbitraje y conciliación.

d) Las relaciones jurídicas consistentes en la prestación de un servicio público cuya utilización por los usuarios requiera el abono de una tarifa, tasa o precio público de aplicación general.

5. Señalar la opción incorrecta. Solo podrán contratar con el sector público las personas naturales o jurídicas:

a) Que tengan plena capacidad de obrar.

b) Que no estén incursas en una prohibición de contratar.

c) Que tengan la nacionalidad española.

d) Que acrediten su solvencia económica, financiera y técnica o profesional o se encuentren debidamente clasificadas.

6. Según el artículo 14.1 de la LF 2/2018, la persona que vaya a resultar propuesta adjudicataria deberá acreditar:

a) Su capacidad de obrar.

b) Su representación.

c) Su inscripción en el registro mercantil.

d) Las respuestas a y b son correctas.

7. Para qué tipo de contratos, las empresas no pertenecientes a la Unión Europea deberán tener abierta sucursal en España:

a) Contratos de obras.

b) Contratos de suministros.

c) Contratos de servicios.

d) No se exige ese requisito para ningún tipo de contrato.

8. La solvencia técnica o profesional de quien vaya a licitar podrá acreditarse con una relación de las obras ejecutadas, avaladas por certificados de buena ejecución, de, como máximo:

a) Los 3 últimos años.

b) Los 5 últimos años.

c) Los 7 últimos años.

d) Los 10 últimos años.

9. La documentación acreditativa de la capacidad, representación, solvencia y habilitación empresarial o profesional de la que ya dispusiera el órgano de contratación, porque hubiera sido presentada por quien licita en el marco de un procedimiento anterior del que hubiera resultado adjudicatario, podrá ser reutilizada, siempre y cuando no hubiesen variado las circunstancias acreditadas, y no hubiera transcurrido desde la adjudicación del procedimiento anterior:

a) Un año.

b) Dos años.

c) Tres años.
d) Cuatro años.

10. Según el artículo 24.3 de la LF 2/2018, en los casos en que sea necesaria una declaración de prohibición de contratar, el alcance y duración de ésta se determinarán siguiendo el procedimiento que en las normas de desarrollo de esta ley foral se establezca, atendiendo, en su caso, a la existencia de dolo o manifiesta mala fe y a la entidad del daño causado a los intereses públicos, sin que su duración pueda exceder de:

a) 3 años.
b) 4 años.
c) 5 años.
d) 7 años.

11. Conforme a la LF 2/2018, podrán contratar con el sector público las uniones de empresarios que se constituyan temporalmente al efecto

a) Sin que sea necesaria la indicación de la participación de cada uno de los integrantes hasta que se haya efectuado la adjudicación del contrato a su favor.
b) Sin que sea necesaria la formalización de las mismas en escritura pública hasta que se haya efectuado la adjudicación del contrato a su favor.
c) Siendo necesaria la formalización de las mismas en escritura pública antes de que se haya efectuado la adjudicación del contrato a su favor.
d) Siendo necesaria colusión entre ellas.

12. En cuál de los siguientes casos, la prohibición de contratar deberá ser declarada de forma expresa por el órgano competente y afectará únicamente a su ámbito de actuación:

a) Haber dejado de formalizar el contrato, que ha sido adjudicado a su favor, en los plazos previstos en la LF 2/2018 por causa imputable al adjudicatario.
b) Haber contratado a personas respecto de las que se haya publicado en el BOE el incumplimiento a que se refiere el artículo 15.1 de la *Ley Reguladora del Ejercicio del Alto Cargo de la Administración General del Estado* o en las respectivas normas de las Comunidades Autónomas, por haber pasado a prestar servicios en empresas o sociedades privadas directamente relacionadas con las competencias del cargo desempeñado durante los dos años siguientes a la fecha de cese en el mismo.
c) Estar afectado por una prohibición de contratar impuesta en virtud de sanción administrativa, con arreglo a lo previsto en la *Ley Foral 11/2005, de 9 de noviembre, de Subvenciones*, o en la *Ley Foral 13/2000, de 14 de diciembre, General Tributaria* o normativa estatal equivalente.
d) Haber solicitado la declaración de concurso voluntario, haber sido declaradas insolventes en cualquier procedimiento, hallarse declaradas en concurso, salvo que en este haya adquirido la eficacia un convenio, estar sujetos a intervención judicial o haber sido inhabilitados conforme a la *Ley 22/2003, de 9 de julio, Concursal*, sin que haya concluido el período de inhabilitación fijado en la sentencia de calificación del concurso.

13. Los contratos que tienen por objeto la adquisición, el arrendamiento financiero, o el arrendamiento, con o sin opción de compra, de productos o bienes muebles, son:

a) Contratos de servicios.
b) Contratos de suministro.
c) Contratos de obras.
d) Contratos de gestión de servicios públicos.

14. No se consideran contratos de suministros:

a) Aquellos en los que el empresario se obligue a entregar una pluralidad de bienes de forma sucesiva y por precio unitario sin que la cuantía total se defina con exactitud al tiempo de celebrar el contrato, por estar subordinadas las entregas a las necesidades del adquirente.

b) Los que tengan por objeto la adquisición y el arrendamiento de equipos y sistemas de telecomunicaciones o para el tratamiento de la información, sus dispositivos y programas, y la cesión del derecho de uso de estos últimos.

c) Los de adquisición de programas de ordenador desarrollados a medida.

d) Los de fabricación, por los que la cosa o cosas que hayan de ser entregadas por el empresario deban ser elaboradas con arreglo a características peculiares fijadas previamente por la entidad contratante, aun cuando esta se obligue a aportar, total o parcialmente, los materiales precisos.

15. Un conjunto de trabajos de construcción o de ingeniería civil, destinado a cumplir por sí mismo una función económica o técnica, es denominado por la LF 2/2018:

a) Una infraestructura.
b) Patrimonio material.
c) Una obra.
d) Un servicio público.

16. En un contrato de concesión de obras, cuando no esté garantizado que, en condiciones normales de funcionamiento, el concesionario vaya a recuperar las inversiones realizadas ni a cubrir los costes en que hubiera incurrido como consecuencia de la explotación de las obras que sean objeto de la concesión, se considerará que el mismo asume un riesgo:

a) Operacional.
b) Virtual.
c) General.
d) Provisional.

17. No podrán ser objeto de los contratos de servicios:

a) Los que impliquen ejercicio de la autoridad inherente a los poderes públicos.
b) Los que impliquen el desarrollo o mantenimiento de aplicaciones informáticas.

c) Los que tengan por objeto el desarrollo y la puesta a disposición de productos protegidos por un derecho de propiedad intelectual o industrial.

d) Los que tengan por objeto la prestación de actividades docentes en centros del sector público desarrolladas en forma de cursos de formación o perfeccionamiento del personal al servicio de la Administración.

18. Según el artículo 36.4 de la LF 2/2018, el importe de los contratos reservados por motivos sociales será, como mínimo, de un porcentaje del importe de los contratos adjudicados en el ejercicio presupuestario inmediatamente anterior del:

a) 3%.
b) 6%.
c) 9%.
d) 12%.

19. En los contratos reservados de más de 750.000 euros en los ámbitos sanitarios, sociales, culturales y educativos, la duración máxima del contrato, incluidas sus posibles prórrogas no excederá de:

a) 3 años.
b) 4 años.
c) 5 años.
d) 6 años.

20. Los interesados en la licitación obtendrán, a través del Portal de Contratación, aquella información adicional sobre los pliegos y demás documentación complementaria en el plazo desde que la soliciten, salvo que en los pliegos que rigen la licitación se estableciera otro plazo distinto, de:

a) 48 horas.
b) 3 días.
c) 5 días.
d) 7 días.

21. En qué casos de la adjudicación de contratos públicos de servicios será obligatoria la constitución de una Mesa de Contratación:

a) Contratos cuyo valor estimado exceda de 10.000 euros.
b) Contratos cuyo valor estimado exceda de 60.000 euros.
c) Contratos cuyo valor estimado exceda de 200.000 euros.
d) En todo caso.

22. En qué casos de la adjudicación de contratos de concesión será obligatoria la constitución de una Mesa de Contratación:

a) Contratos cuyo valor estimado exceda de 10.000 euros.
b) Contratos cuyo valor estimado exceda de 60.000 euros.

c) Contratos cuyo valor estimado exceda de 200.000 euros.
d) En todo caso.

23. En todo caso, la persona a cuyo favor vaya a recaer la propuesta de adjudicación deberá acreditar la posesión y validez de los documentos y requisitos exigidos en el plazo máximo, desde que se le requieran, de:

a) 3 días.
b) 5 días.
c) 7 días.
d) 10 días.

24. Según el artículo 61 de la LF 2/2018 ¿qué se entiende como cualquier documento elaborado por los organismos europeos de normalización, distinto de las normas europeas, con arreglo a procedimientos adaptados a la evolución de las necesidades del mercado?

a) Una especificación técnica.
b) Una norma internacional.
c) Una especificación técnica común.
d) Una referencia técnica.

25. Cuando se utilicen una pluralidad de criterios de adjudicación, ¿al menos qué porcentaje de la puntuación deberá calcularse mediante la aplicación de fórmulas objetivas que se establecerán en los pliegos, que determinarán la ponderación relativa de cada uno de ellos?

a) 10%.
b) 20%.
c) 40%.
d) 50%.

26. Los criterios de adjudicación de carácter social deberán tener una ponderación de al menos:

a) El 10% de los puntos.
b) El 20% de los puntos.
c) El 40% de los puntos.
d) El 50% de los puntos.

27. El artículo 68 de la LF 2/2018, define como "cualquier documento, certificado o acreditación que confirme que las obras, productos, servicios, procesos o procedimientos de que se trate cumplen determinados requisitos" a:

a) La prescripción técnica.
b) La etiqueta.
c) La clasificación.
d) El expediente de contratación.

28. Tal como dispone el artículo 70 de la LF 2/2018, el pliego, excepcionalmente y de forma motivada, podrá exigir la constitución de garantía provisional por importe que no podrá exceder de:

a) El 0,1% del presupuesto de licitación como requisito para la participación en el procedimiento.
b) El 1% del presupuesto de licitación como requisito para la participación en el procedimiento.
c) El 2% del presupuesto de licitación como requisito para la participación en el procedimiento.
d) El 5% del presupuesto de licitación como requisito para la participación en el procedimiento.

29. El órgano de contratación señalará el número mínimo de empresarios a los que invitará a participar en un procedimiento restringido, que no podrá ser inferior a:

a) Tres.
b) Cinco.
c) Siete.
d) Diez.

30. En el procedimiento de diálogo competitivo, el órgano de contratación señalará el número mínimo de empresarios a los que invitará a participar en el procedimiento; en caso de que se decida limitar el número de empresas a las que se invita a dialogar, el órgano de contratación en todo caso deberá asegurarse de que el número mínimo de candidatos capacitados para ejecutar el objeto del contrato nunca será inferior a:

a) 3.
b) 4.
c) 5.
d) 6.

31. En el procedimiento de asociación para la innovación, el número de empresas o profesionales a los que se invitará a participar en el procedimiento no podrá ser inferior a:

a) 2.
b) 3.
c) 4.
d) 5.

32. Según el artículo 80 de la LF 2/2018, el procedimiento simplificado podrá utilizarse en los contratos de obras de valor estimado inferior a:

a) 40.000 euros.
b) 60.000 euros.

c) 100.000 euros.
d) 200.000 euros.

33. En el caso de contratos de suministros o servicios, se considerarán contratos de menor cuantía cuando su valor estimado no exceda de:

a) 15.000 euros.
b) 25.000 euros.
c) 40.000 euros.
d) 60.000 euros.

34. ¿Cuál es el plazo de presentación de ofertas en procedimientos abiertos de contratos de valor estimado o igual o superior al umbral europeo?

a) 10 días a partir de la fecha de envío del anuncio.
b) 30 días a partir de la fecha de envío del anuncio.
c) 45 días a partir de la fecha de envío del anuncio.
d) 60 días a partir de la fecha de envío del anuncio.

35. Tal como establece el artículo 100 de la LF 2/2018, el órgano de contratación adjudicará el contrato en el plazo máximo, desde el acto de apertura de la oferta económica, salvo que en los pliegos se haya establecido otro plazo, de:

a) 10 días.
b) 20 días.
c) 30 días.
d) Un mes.

Solución al test n.º 17

1. a) La Ley 9/2017, de 8 de noviembre.

2. c) El contratista obtenga algún tipo de beneficio económico, ya sea de forma directa o indirecta.

3. d) Las entidades públicas empresariales.

4. b) Los contratos que tengan por objeto servicios relacionados con campañas políticas, cuando sean adjudicados por una Administración Pública.

5. c) Que tengan la nacionalidad española.

6. d) Las respuestas a y b son correctas.

7. a) Contratos de obras.

8. b) Los 5 últimos años.

9. c) Tres años.

10. c) 5 años.

11. b) Sin que sea necesaria la formalización de las mismas en escritura pública hasta que se haya efectuado la adjudicación del contrato a su favor.

12. a) Haber dejado de formalizar el contrato, que ha sido adjudicado a su favor, en los plazos previstos en la LF 2/2018 por causa imputable al adjudicatario.

13. b) Contratos de suministro.

14. c) Los de adquisición de programas de ordenador desarrollados a medida.

15. c) Una obra.

16. a) Operacional.

17. a) Los que impliquen ejercicio de la autoridad inherente a los poderes públicos.

18. b) 6%.

19. a) 3 años.

20. b) 3 días.

21. b) Contratos cuyo valor estimado exceda de 60.000 euros.

22. d) En todo caso.

23. c) 7 días.

24. d) Una referencia técnica.

25. d) 50%.

26. a) El 10% de los puntos.

27. b) La etiqueta.

28. c) El 2% del presupuesto de licitación como requisito para la participación en el procedimiento.

29. b) Cinco.

30. a) 3.

31. b) 3.

32. d) 200.000 euros.

33. a) 15.000 euros.

34. b) 30 días a partir de la fecha de envío del anuncio.

35. d) Un mes.

TEST N.º 18

**La Ley Foral 11/2005, de 9 de noviembre, de Subvenciones:
Disposiciones generales y procedimiento de concesión y control.
Reintegro de subvenciones**

1. La Ley Foral que regula las subvenciones es la:

a) 2/2018.
b) 11/2005.
c) 5/2020.
d) 17/2023.

2. No se aplica el régimen legal de subvención:

a) Entrega dineraria sin contraprestación directa.
b) Entrega sujeta a cumplimiento de un proyecto o actividad.
c) Financiación de una actividad de utilidad pública.
d) Pago por prestación de servicios a la Administración.

3. No tiene la consideración de subvención según la ley:

a) Prestaciones económicas por servicios sociales.
b) Subvenciones a asociaciones sin ánimo de lucro.
c) Ayudas a la investigación científica.
d) Entregas dinerarias por convocatorias públicas.

4. Señale qué principio no es propio de la gestión de las subvenciones públicas:

a) Publicidad.
b) Confidencialidad.
c) Objetividad.
d) Eficiencia.

5. La Administración de la Comunidad Foral de Navarra establecerá, con carácter general, un *plan estratégico de subvenciones*, con periodicidad:

a) Semestral.
b) Anual.
c) Bianual.
d) Trienal.

6. Este plan se presentará anualmente ante la comisión competente en materia económica del Parlamento de Navarra antes del día:

a) 30 de abril de cada año.
b) 31 de mayo de cada año.
c) 30 de junio de cada año.
d) 31 de julio de cada año.

7. Cada departamento y organismo autónomo elaborarán informes de evaluación de las convocatorias realizadas en el ejercicio precedente durante:

a) El primer mes de cada año.
b) El primer semestre de cada año.
c) El primer trimestre de cada año.
d) El primer cuatrimestre de cada año.

8. Los convenios de colaboración que se suscriban no pueden superar los:

a) 2 años.
b) 3 años.
c) 4 años.
d) 5 años.

9. Puede ser una persona beneficiaria de una subvención:

a) Si ha sido condenada mediante sentencia a la pena de pérdida de la posibilidad de obtener subvenciones o ayudas públicas.
b) No hallarse al corriente en el cumplimiento de las obligaciones tributarias, frente a la Seguridad Social o de pago de obligaciones por reintegro de deudas a favor de la Administración de la Comunidad Foral de Navarra o sus Organismos Autónomos.
c) Tener la residencia fiscal en un país o territorio calificado reglamentariamente como paraíso fiscal.
d) Estar incursa la persona física, los administradores de las sociedades mercantiles o aquellos que ostenten la representación legal de otras personas jurídicas, en alguno de los supuestos de incompatibilidad que establezca la normativa vigente.

10. ¿En qué régimen se tramita el procedimiento ordinario de concesión de subvenciones, salvo excepciones?

a) Evaluación individualizada.
b) Concurrencia competitiva.
c) Concesión directa.
d) Resolución anticipada.

11. Las subvenciones deben resolverse las subvenciones en general:

a) Antes del 31 de diciembre del año en curso.
b) En un máximo de tres meses desde su inicio.
c) Dentro de los primeros 10 días del mes siguiente.
d) Antes del 30 de abril.

12. ¿Quién puede solicitar la reformulación de una solicitud de subvención?

a) El órgano concedente.
b) El Parlamento de Navarra.
c) El órgano instructor, si está previsto en las bases reguladoras.
d) El órgano fiscalizador.

13. Si una solicitud de subvención no cumple los requisitos exigidos

a) Se rechaza directamente.
b) Se requiere subsanación en un plazo de 30 días.
c) Se deriva a la Intervención.
d) Se requiere subsanación en un plazo de 15 días.

14. Señale cuál es el límite general de subcontratación si no se establece uno específico en las bases reguladoras

a) 25 % del importe subvencionado.
b) No se permite subcontratar.
c) Hasta el 75 % del importe.
d) Hasta el 50 % del importe subvencionado.

15. Indique qué tipo de gastos no se consideran subvencionables en ningún caso

a) Material fungible de oficina.
b) Formación de personal.
c) Intereses, recargos y sanciones administrativas.
d) Servicios de contabilidad externa.

16. El seguimiento de las subvenciones con justificación diferida concedidas por el Gobierno de Navarra lo realiza:

a) El Parlamento de Navarra.
b) El Tribunal de Cuentas.
c) El instructor del expediente de concesión.
d) El interventor general.

17. ¿Qué órgano ejerce el control financiero de las subvenciones concedidas?

a) El Tribunal de Cuentas.
b) El Departamento de Economía y Hacienda a través de la Intervención General.
c) El Consejo de Gobierno.
d) El Servicio Navarro de Empleo.

18. El reintegro en caso de compatibilidad de subvenciones se aplica cuando:

a) Se obtiene menos ayuda que la solicitada.
b) La ayuda no cubre todos los costes.
c) Se supera el coste real de la actividad subvencionada.
d) Se recibe financiación europea.

19. El expediente de reintegro deberá resolverse en un plazo máximo de:
a) 6 meses.
b) 12 meses.
c) 2 años.
d) 3 meses.

20. El incumplimiento que permite verificar el uso indebido de fondos se sanciona con:

a) Sanción administrativa exclusivamente.
b) Reintegro con intereses.
c) Multa económica sin reintegro.
d) Suspensión de futuras ayudas solamente.

Solución al test n.º 18

1. b)11/2005.

2. d) Pago por prestación de servicios a la Administración.

3. a) Prestaciones económicas por servicios sociales.

4. b) Confidencialidad.

5. d)Trienal.

6. a)30 de abril de cada año.

7. c)El primer trimestre de cada año.

8. c)4 años.

9. a)Si ha sido condenada mediante sentencia a la pena de pérdida de la posibilidad de obtener subvenciones o ayudas públicas.

10. b) Concurrencia competitiva.

11. b) En un máximo de tres meses desde su inicio.

12. c) El órgano instructor, si está previsto en las bases reguladoras.

13. b) Se requiere subsanación en un plazo de 30 días.

14. d) Hasta el 50 % del importe subvencionado.

15. c) Intereses, recargos y sanciones administrativas.

16. c) El instructor del expediente de concesión.

17. b) El Departamento de Economía y Hacienda a través de la Intervención General.

18. c) Se supera el coste real de la actividad subvencionada.

19. b) 12 meses.

20. b) Reintegro con intereses.

Informática

PARTE III

TEST N.º 1

Conceptos elementales sobre Windows 10. El escritorio y sus elementos; el Administrador de Tareas; el Explorador de archivos; el Panel de Control; Impresoras y escáneres; el botón de inicio; la barra de tareas; el comando Ejecutar; la Ayuda; trabajo en red; cuentas de usuario

1. ¿Cuál de los siguientes no es un asistente personal de voz?

a) Siri.
b) Google Now.
c) Google Up.
d) Cortana.

2. En Windows 10, el botón restaurar permite:

a) Maximizar, es decir ampliar el tamaño de la ventana a toda la pantalla.
b) Ampliar el tamaño de la ventana al 50 %.
c) Coloca el tamaño inicial de cuando fue abierta.
d) Volver la pantalla a su estado anterior.

3. Los accesos directos en Windows se diferencian de los iconos normales en que:

a) Tienen un recuadro blanco con una flecha negra en la parte superior izquierda.
b) Tienen un recuadro blanco con una flecha negra en la parte inferior izquierda.
c) Tienen un recuadro blanco con una flecha negra en la parte inferior derecha.
d) Tienen un recuadro blanco con una flecha negra en la parte superior derecha.

4. De los siguientes valores indica cuál no es una versión de Windows 10:

a) Continuum.
a) Home.
b) Enterprise.
d) Education.

5. La tienda de aplicaciones...

a) Es una novedad de Windows 10.
b) Fue una novedad de Windows 8, pero se ha "relanzado" en el Windows 10.
c) Ha desaparecido en Windows 10.
d) Fue una novedad del Windows Mobile, pero se ha "relanzado" en el Windows 10.

6. Si al usar la papelera de reciclaje nos encontramos con que no aparece en el escritorio de Windows 10, podremos activarla desde:

a) Configuración > Personalización > Temas > Configuración de iconos de escritorio.
b) Personalización > Configuración > Temas > Configuración de iconos de escritorio.
c) Personalización > Configuración > Iconos > Configuración de iconos de escritorio.
d) Configuración > Personalización > Iconos > Configuración de iconos de escritorio.

7. Microsoft Edge ha sustituido a Internet Explorer en Windows 10: indica de las siguientes características, cuál no es una de las que ha traído Edge:

a) Guía de Lectura.
b) Anotaciones en páginas.
c) Navegación Virtual y anónima.
d) Vista de Lectura.

8. A la leyenda Recientes, Frecuentes, Tareas o Más visitados En Windows 10 lo denominamos...

a) Hello List.
b) Continuum List.
c) Jump List.
d) One List.

9. De las siguientes características solo una pertenece al centro de actividades de Windows 10; indica cuál es:

a) Muestra exclusivamente notificaciones de Windows Defender.
b) Se visualiza directamente en la barra de tareas.
c) Tiene notificaciones del sistema.
d) No muestra avisos del Windows Update.

10. El antivirus incorporado en Windows 10, se denomina Windows Defender pero anteriormente se denominaba...

a) Microsoft Visio.
b) Microsoft AntiSpyware.
c) Microsoft Firewall.
d) Microsoft Security SO.

11. En la siguiente lista, ¿cuál de los siguientes elementos no concuerda con el resto?

a) Edge.
b) Explorer.
c) Firewall.
d) Chrome.

12. Los archivos y carpetas borrados se guardan en la carpeta $Recycle.Bin, que está oculta como carpeta o archivo del sistema; ¿dónde está situada?

a) Se ubica en la unidad principal del sistema operativo.
b) En la carpeta \SYSTEM\Temp\Recicle.
c) Está presente en todas las unidades de disco.
d) En la carpeta \SYSTEM\Recicle.

13. En Windows 10 queremos abrir la ventana "Ejecutar"; ¿qué combinación de teclas realiza esta operación?

a) Tecla del logotipo de Windows + F
b) Tecla del logotipo de Windows + E
c) Tecla del logotipo de Windows + R
d) Tecla del logotipo de Windows + L

14. En Windows 10 si queremos desplegar el panel de "inicio", ¿qué combinación de teclas usaremos?

a) Ctrl + Mayúscula + A
b) Ctrl + Barra Espaciadora
c) Ctrl + Alt + A
d) Ctrl + Esc

15. ¿Cuáles son las tres aplicaciones en Windows 10 para el manejo de los archivos multimedia?

a) Fotos, Música y Películas.
b) Fotos, Música y Movies.
c) Cortana, Musica y Movies.
d) Fotos, Cortana y Movies.

16. Las ventanas donde tenemos que tomar una decisión y escoger una de las opciones que presentan se llaman:

a) Cuadros de Decisión.
b) Cuadros de Diálogo.

c) Cuadros de Pregunta.
d) Cuadros de Elección.

17. Los iconos del escritorio se activan haciendo doble clic con el ratón o con el dedo en pantallas táctiles y pueden ser de tres tipos:

a) Programas, Carpetas y Accesos directos.
b) Programas, Carpetas y Aplicaciones.
c) Programas, Aplicaciones y Accesos directos.
d) Programas, Aplicaciones y Navegadores.

18. La combinación de teclas Windows+D:

a) Minimiza todas las ventanas abiertas y despeja el escritorio cuando se pulsa.
b) Reestablecerá las ventanas a su posición original.
c) Las respuestas a) y b) son correctas.
d) Despliega la configuración del sistema.

19. ¿Cuál de las siguientes no es una característica de Windows Defender?

a) Analizar capacidades similares a otros productos libres en el mercado e incluye un número de agentes de seguridad en tiempo real que vigilan varias áreas comunes de Windows para los cambios que pueden ser causados por el software espía.
b) Posibilidad de analizar las unidades de disco del sistema para encontrar unidades desfragmentadas que ocasionen lentitud y posibles errores de comunicación entre dispositivos locales y remotos.
c) Incluye la capacidad de eliminar fácilmente aplicaciones ActiveX instaladas en Internet Explorer.
d) Apoyo a la red de SpyNet de Microsoft, permitiéndole a los usuarios informar a Microsoft de posibles ataques de software espía, y que los controladores de dispositivos y aplicaciones pueden instalarse en sus computadores.

20. ¿Cuál de las siguientes aplicaciones de Windows 10 está relacionada con el Almacenamiento?

a) Cortana.
b) OneDrive.
c) Edge.
d) Google Drive.

21. ¿Cuál de las siguientes no es un accesorio de Windows 10?

a) Skype Esencial.
b) Notas Rápidas.

c) Grabadora de Sonidos.
d) WordPad.

22 En el nombre de un archivo de Windows 10, ¿cuál de los siguientes símbolos no pueden usarse?

a) \
b) >
c) ?
d) Ninguno de los símbolos es válido.

23. Para abrir el Explorador de Windows 10, entre otros métodos podemos usar la combinación de teclas:

a) Ctrol + E.
b) Windows + E.
c) Mayúsculas + E.
c) Alt + E.

24. Diez Megabytes son:

a) 10240 bytes.
b) 1024 bytes.
c) 1024 Kb.
d) 10240 Kb.

25. Si queremos imprimir documentos PDF en Windows 10, y no está habilitada la característica, ¿cómo podemos habilitarla?

a) En *Características* de Windows, *Exportar en PDF* de Microsoft.
b) En *Características* de Windows, *Imprimir PDF* de Microsoft.
c) En *Características* de Windows, *Exportar PDF* de Microsoft.
d) En *Características* de Windows, *Imprimir en PDF* de Microsoft.

26. La opción "Mi PC" que había en versiones anteriores de Windows, ¿cómo se denomina en Windows 10?

a) "Mi Equipo".
b) "PC".
c) "Este Equipo".
d) No existe esa opción como tal.

27. La versión mejorada y más amigable del intérprete de comandos DOS en Windows 10, ¿cómo se llama?

a) Windows PowerDOS.
b) Windows PowerShell.

c) Shell DOS.
d) Windows Shell.

28. Si en Windows 10 queremos seleccionar varios elementos alternativos…

a) Mantenemos pulsada la tecla Ctrl y hacemos clic sobre los elementos.
d) Mantenemos pulsadas las teclas Ctrl + Shift y hacemos clic sobre los elementos.
c) Mantenemos pulsada la tecla Shift y hacemos clic sobre los elementos.
d) Mantenemos pulsada la tecla Alt y hacemos clic sobre los elementos.

29. En Windows 10, los nombres de archivo tienen un máximo permitido de:

a) 255 caracteres.
b) 255 letras.
c) 512 caracteres.
d) 512 letras.

30. ¿Cuál es el tiempo máximo de retrasar la captura del recorte en la herramienta de Recortes?

a) 3.
b) 5.
c) 10.
d) 15.

31 ¿Cuál de estas medidas indica una cantidad mayor de información?

a) Gigabyte.
b) Petabyte.
c) Megabyte.
d) Terabyte.

32. En la cinta de Opciones de una ventana de Explorador de Windows, ¿cuál de las siguientes no es una de las fichas que contiene de manera inicial?

a) Inicio.
b) Abrir.
c) Compartir.
d) Vista.

33. En las propiedades de un archivo, entre paréntesis aparece el tamaño del mismo en que unidades:

a) En bytes.
b) Depende del tamaño del archivo.
c) En Kb.
d) En Mb.

34. La ruta "\system\Grupo_MAD\Ejemplos\" es de tipo:

a) Completa.
b) Relativa.
c) Absoluta.
d) Sencilla.

35. Las opciones Cortar, Copiar y Pegar, tienen como teclas rápidas…

a) Ctrl + R , Ctrl + C, Ctrl + V.
b) Ctrl + R , Ctrl + C, Ctrl + P.
c) Ctrl + X , Ctrl + C, Ctrl + V.
d) Ctrl + X , Ctrl + C, Ctrl + P.

36. En la Función "Acceso Rápido" de Windows 10, nos encontramos…

a) Carpetas.
b) Unidades.
c) Ubicaciones de Red.
d) Accesos directos.

37. En la opción "Este Equipo" del explorador de Windows 10, además de las carpetas por defecto, aparecen:

a) Unidades de disco.
b) Conexiones de Red.
c) Carpetas Web.
d) Carpetas favoritas.

38. Para saber la versión concreta del sistema operativo que se está usando, lo vemos en:

a) Opción Acerca de /Sistema
b) Opción Acerca de /Versión
c) Opción Sistema / Acerca de
d) Opción Sistema / Versión

39. Si recuperamos nuestro Windows 10 a punto de restauración anterior, ¿cuál de los siguientes elementos, instalados después de crear el punto de restauración, no se verá afectado en la restauración del sistema?

a) A los Drivers / Controladores.
b) A las aplicaciones.
c) A las actualizaciones del sistema.
d) A los archivos personales.

40. Al usar la aplicación del Escáner de Windows 10, ¿cuál es la resolución que aparece por defecto?

a) 250 DPX.
b) 250 DPI.
c) 300 DPX.
d) 300 DPI.

Solución al test n.º 1

1. c) Google Up.

2. d) Volver la pantalla a su estado anterior.

3. b) Tienen un recuadro blanco con una flecha negra en la parte inferior izquierda.

4. a) Continuum.

5. b) Fue una novedad del Windows 8, pero se ha "relanzado" en Windows 10.

6. a) Configuración > Personalización > Temas > Configuración de iconos de escritorio.

7. c) Navegación Virtual y anónima.

8. c) Jump List.

9. c) Tiene notificaciones del sistema.

10. b) Microsoft AntiSpyware.

11. c) Firewall.

12. a) Se ubica en la unidad principal del sistema operativo.

13. c) Tecla del logotipo de Windows + R.

14. d) Ctrl + Esc.

15. a) Fotos, Música y Películas.

16. b) Cuadros de Diálogo.

17. a) Programas, Carpetas y Accesos directos.

18. c) Las respuestas a) y b) son correctas.

19. b) Posibilidad de analizar las unidades de disco del sistema para encontrar unidades de fragmentadas que ocasionen lentitud y posibles errores de comunicación entre dispositivos locales y remotos.

20. b) OneDrive.

21. a) Skype Esencial.

22. d) Ninguno de los símbolos es válido.

23. b) Windows + E.

24. d) 10240 Kb.

25. d) En Características de Windows, Imprimir en PDF de Microsoft.

26. c) "Este Equipo".

27. b) Windows PowerShell.

28. a) Mantenemos pulsada la tecla Ctrl y hacemos clic sobre los elementos.

29. a) 255 caracteres.

30. b) 5.

31. b) Petabyte.

32. b) Abrir.

33. a) En bytes.

34. b) Relativa.

35. c) Ctrl + X , Ctrl + C, Ctrl + V.

36. d) Accesos directos.

37. a) Unidades de disco.

38. c) Opción Sistema / Acerca de.

39. d) A los archivos personales.

40. d) 300 DPI.

Procesadores de textos: conceptos fundamentales. Microsoft Word 2021: el área de trabajo; cintas de opciones; escribir y editar; formato de texto; diseño de página y configuración; estilos; plantillas; tablas; administración de archivos; combinar correspondencia; trabajar con campos; imprimir

1. ¿Desde qué pestaña de la cinta de opciones de Word podremos comparar dos versiones de un documento?

a) Inicio.
b) Referencias.
c) Word no nos permite realizar esa acción.
d) Revisar.

2. ¿Cuál de las siguientes relaciones entre opción y grupo no es correcta?

a) Tachado y Fuente.
b) Interlineado y Párrafo.
c) Espaciado y (Párrafo+Fuente).
d) Hipervínculo (Referencias).

3. La alineación es un comando de Word 2021 que afecta a:

a) La selección de texto.
b) La dirección del texto.
c) El interlineado del texto.
d) Los párrafos.

4. ¿En qué ficha y grupo está la opción para utilizar las tabulaciones?

a) Insertar / Tabulaciones.
b) Inicio / Párrafo/ botón cuadro diálogo Párrafo.
c) Inicio / formato / Tabulaciones.
d) Inicio / Tabulaciones.

5. En Word, ¿cuál es la diferencia entre pulsar INTRO y pulsar las teclas Mayúsculas + INTRO?

a) Intro indica párrafo nuevo, y Mayúsculas + Intro indica salto de línea.
b) No hay diferencias para Word.
c) Intro indica párrafo nuevo, y Mayúsculas + Intro indica salto de sección.
d) Intro indica salto de línea nuevo, y Mayúsculas + Intro indica salto de sección.

6. El botón Borrar Formato en Word:

a) Borra todo el Formato de la selección.
b) Deja el texto sin formato y lo elimina.
c) Funciona haciendo doble clic.
d) Ese botón existe en Excel pero no en Word.

7. Los sangrados en Word:

a) Definen el límite izquierdo de los párrafos de un documento, pero no el derecho.
b) Definen el límite derecho de los párrafos de un documento, pero no el izquierdo.
c) Definen el límite izquierdo y el límite derecho de los párrafos de un documento.
d) Definen el límite izquierdo de los párrafos de un documento y el estado de la primera línea de cada uno.

8. La carta modelo en un proceso de combinar correspondencia de Word:

a) Tendrá la tabla de datos para combinar.
b) No tendrá los campos de combinación.
c) Incluirá el texto que no varía.
d) Tendrá tantas hojas como datos se combinen.

9. El método más rápido para acceder a las opciones de la cinta de opciones de Word 2021 es hacer un clic con el ratón sobre ellas, si queremos acceder a las distintas opciones de los paneles y menús a partir del teclado, podemos pulsar la tecla:

a) F1.
b) SHIFT.
c) CTRL.
d) ALT.

10. La combinación de teclas para la alineación centrada es:

a) CTRL + T.
b) CTRL + Q.
c) CTRL + J.
d) CTRL+ ALT + C.

11. El interlineado se puede definir como:

a) El espacio que hay entre los párrafos de un documento.
b) El espacio que hay entre los caracteres de un párrafo.
c) El espacio que hay entre los párrafos seleccionados.
d) El espacio que hay entre una y otra línea de un mismo párrafo.

12. ¿En qué menú de Word 2021 se encuentra la opción Marcas de Agua?

a) Insertar.
b) Diseño.
c) Disposición.
d) Inicio.

13. ¿Qué combinación de teclas divide la ventana de un documento?

Alt + Ctrol + R.
Alt + Ctrol + V.
Alt + Ctrol + I.
Alt + Ctrol + D.

14. La sangría francesa:

a) Controla el límite izquierdo de todas las líneas del párrafo menos la segunda.
b) Controla el límite izquierdo de todas las líneas del párrafo menos la última.
c) Controla el límite izquierdo de todas las líneas del párrafo menos la primera.
d) Controla el límite derecho de todas las líneas del párrafo menos la segunda.

15. Para disminuir un nivel en una lista Multinivel de Word 2021 pulsamos:

a) Mayúsculas + Control.
b) Mayúsculas + Ins.
c) Mayúsculas + L.
d) Ninguna es correcta.

16. ¿Cuál es el valor máximo del porcentaje de Escala del espaciado de caracteres?

a) 400.
b) 600.
c) 200.
d) 1000.

17. ¿Cuál es la definición de tabulación de barra?

a) Alinea el texto tabulado del lado derecho.
b) Alinea los números decimales.

c) Dibuja una línea vertical en el documento.

d) Te permite insertar un marcador de sangría en la regla horizontal para alinear la primera línea de los párrafos del texto.

18. ¿Qué combinación de teclas Inserta una nota al pie de página?

a) Ctrol + Alt + O.
b) Ctrol + Alt + D.
c) Ctrol + Alt + S.
d) Ctrol + Alt + R.

19. Un estilo de Word 2021 puede ser:

a) De párrafo, carácter, imagen y tabla.
b) De párrafo, carácter, imagen y lista.
c) De párrafo, carácter, lista y tabla.
d) Ninguna es correcta.

20. La biblioteca de viñetas es:
a) El conjunto de viñetas usadas en el documento actual.
b) El conjunto de viñetas disponibles para usar.
c) El conjunto de viñetas de tipo párrafo.
d) El conjunto de viñetas de tipo true type.

21. ¿Cuál de las siguientes no es una alineación válida de una tabla en Word 2021?

a) Ajustar a la izquierda.
b) Ajustar a la derecha.
c) Ajustar al centro.
d) Derecha.

22. ¿Cuál es la combinación de teclas en Word 2021 que sirve para moverse una celda a la izquierda de la actual?

a) Alt + TAB.
b) Flecha izquierda.
c) TAB.
d) Mayúsc + TAB.

23. ¿Cuál de las siguientes afirmaciones es correcta en Word 2021?

a) El botón *Combinar celdas* solo estará activo si hay más de una celda seleccionada en la tabla.

b) El botón *Combinar celdas* solo estará activo si hay una celda seleccionada en la tabla.

c) El botón *Combinar celdas* solo estará activo si hay menos de cinco celdas seleccionadas en la tabla.

d) El botón *Combinar celdas* solo estará activo si hay más de tres celdas seleccionada en la tabla.

24. Si estando situados en la última celda de la segunda fila de una tabla de Word 2021 pulsamos la tecla TAB, ¿qué sucederá?

a) Si no estamos en la última fila, se creará una nueva fila.
b) Se desplazará a la celda siguiente siempre que no estemos en la penúltima columna.
c) Si es la última fila creará una nueva fila.
d) Se desplazará a la celda anterior.

25. ¿Cuál de los siguientes valores es un tipo correcto para usar en una columna de Word 2021?

a) Párrafo.
b) Fecha/Hora.
c) Número.
d) Booleano.

26. ¿Cuántas opciones de cambio de dirección de texto tenemos en Word 2021?

a) 2.
b) 4.
c) 5.
d) 3.

27. Si tenemos el siguiente texto "CARLOS,TOJEIRO,ALCALÁ,20,47 €,CALLE REAL 25,15002,A CORUÑA" y usamos la utilidad de convertir texto en tabla, con separador de ",", ¿cuántas columnas y filas nos ofrecerá por defecto?

a) 8 columnas y 1 fila.
b) 1 columna y 8 filas.
c) 7 columnas y 1 fila.
d) 1 columna y 7 filas.

28. La extensión de la plantilla por defecto en Word 2021 es:

a) dotx
b) dotm
c) docx
d) dot

29. La combinación de teclas que crea un salto de línea manual es:

a) Control + Enter.
b) Mayúsculas + Enter.
c) Alt + Enter.
d) Control + Alt + Enter.

30. ¿Cuál de las siguientes es un ajuste válido del texto con respecto a una tabla en Word 2021?

a) Alrededor.
b) Estrecho.
c) En línea con el texto.
d) Cuadrado.

31. ¿Cuántos tipos de tabulaciones, y de rellenos en ellas, hay en Word 2021?

a) 4 y 4.
b) 4 y 3.
c) 5 y 4.
d) 5 y 3.

32. ¿Cuáles de las siguientes opciones son los saltos de sección correctos en Word 2021?

a) Página Continua, De página, Página par, Página impar.
b) Página Siguiente, Columna, Página par, Página impar.
c) Página Siguiente, Continua, Página par, Página impar.
d) Página Siguiente, Continua, Columna, Ajuste de texto.

33. Indica cuál no es una opción válida de los tipos de efecto de texto en Word 2021?

a) Reflejo.
b) Iluminado.
c) Bordes suaves.
d) Sombreado.

34. En Word 2021 hay varios tipos de SmartArt; ¿cuál de las siguientes opciones NO es una de ellos?

a) Ciclo.
b) Jerárquico.
c) Matriz.
d) Pirámide.

35. Cuando insertamos una tabla en Word 2021, ¿cuál de las siguientes opciones no es un valor del autoajuste correcto?

a) Ancho de columna fijo.
b) Autoajustar al contenido.
c) Ancho de columna automático.
d) Autoajustar a la ventana.

Solución al test n.º 2

1. a) Revisar.

2. d) Hipervínculo (Referencias).

3. d) Los párrafos.

4. b) Inicio / Párrafo/ botón cuadro diálogo Párrafo.

5. a) Intro indica párrafo nuevo, y Mayúsculas + Intro indica salto de línea.

6. a) Borra todo el Formato de la selección.

7. c) Definen el límite izquierdo y el límite derecho de los párrafos de un documento.

8. c) Incluirá el texto que no varía.

9. d) ALT.

10. a) CTRL + T.

11. d) El espacio que hay entre una y otra línea de un mismo párrafo.

12. b) Diseño.

13. b) Alt + Ctrol + V.

14. c) Controla el límite izquierdo de todas las líneas del párrafo menos la primera.

15. d) Ninguna es correcta.

16. b) 600.

17. c) Dibuja una línea vertical en el documento.

18. a) Ctrol + Alt + O.

19. c) De párrafo, carácter, lista y tabla.

20. b) El conjunto de viñetas disponibles para usar.

21. b) Ajustar a la derecha.

22. d) Mayúsc + TAB.

23. a) El botón *Combinar celdas* solo estará activo si hay más de una celda seleccionada en la tabla.

24. c) Si es la última fila creará una nueva fila.

25. c) Número.

26. d) 3.

27. a) 8 columnas y 1 fila.

28. b) dotm

29. b) Mayúsculas + Enter.

30. a) Alrededor.

31. d) 5 y 3.

32. c) Página Siguiente, Continua, Página par, Página impar.

33. d) Sombreado.

34. b) Jerárquico.

35. c) Ancho de columna automático.

TEST N.º 3

Hojas de cálculo: conceptos fundamentales. Microsoft Excel 2021: libros de trabajo; hojas; celdas; cintas de opciones; selección de celdas y comandos; introducción de datos; creación de fórmulas y vínculos; uso de funciones; diseño de página y configuración; edición de una hoja de cálculo; formatos; gráficos; imprimir

1. Si queremos eliminar un comentario que tiene una celda de Excel 2021, ¿a qué ficha tenemos que acceder?

a) Revisar.
b) Comentarios.
c) Datos.
d) Programador.

2. Las constantes de Excel 2021 pueden ser valores:

a) Numéricos y de tipo texto.
b) Horas y Fechas.
c) Numéricos, de texto, horas y fechas.
d) Numéricos, de texto, horas y fechas y booleanos.

3. Si en una celda aparecen símbolos de sostenido (#####):

a) Está en notación científica negativa.
b) Es un valor de texto incorrecto.
c) El valor no cabe en la altura de la celda.
d) El valor no cabe en la anchura de la celda.

4. De manera predeterminada, Excel 2021:

a) Muestra 1 hoja de cálculo.
b) Muestra 5 hojas de cálculo.
c) Muestra 10 hojas de cálculo.
d) Es un valor configurable.

5. La opción de ocultar Hoja de Excel 2021 podemos encontrarla en:

a) El botón de lista *Insertar*.
b) El botón de lista *Hoja*.
c) El botón de lista *Formato*.
d) El botón de lista *Eliminar*.

6. La etiqueta de la hoja de cálculo se colorea totalmente:

a) Cuando estás en una hoja distinta.
b) Cuando estás en la propia hoja.
c) Siempre está coloreada.
d) Si la hoja no está totalmente vacía.

7. En la ficha Página, en el grupo *Configurar Página*, podemos:

a) Definir los márgenes de la hoja.
b) Definir los saltos de página.
c) Definir la orientación.
d) Definir los márgenes, los saltos de página pero no el centrado de las páginas.

8. La escala de ajuste de la hoja de cálculo tiene un valor máximo de:

a) 100 %.
b) 400 %.
c) 250 %.
d) 150 %.

9. Un encabezado en Excel 2021 es la parte de la Hoja que está:

a) Entre el borde inferior y el margen superior.
b) Entre el borde inferior y el margen inferior.
c) Entre el borde superior y el margen superior.
d) Entre el borde superior y el margen superior.

10. El código #N/A es:

a) Error de acceso a la celda.
b) Fórmula matricial.
c) Error de celda.
d) División por 0.

11. Las funciones de Excel 2021 son:

a) Fórmulas predefinidas.
b) Cálculos predefinidos.
c) Argumentos predefinidos.
d) Macros.

12. La función =SUMA(A1 ; A8 ; A10)

a) Suma todas las celdas desde la A1 a la A8 y además la A10.
b) Suma todas las celdas desde la A1 a la A10 menos la A8.
c) Suma todas las celdas desde la A1 a la A8 y el resultado lo coloca en la A10.
d) Suma las celdas A1, A8 y la A10.

13. La función =SUMA(A1 ; 3 ; A8)

a) Suma 3 veces la celda A1 y la A8.
b) Suma la celda A1 y 3 veces la celda A8.
c) No es una fórmula correcta.
d) Suma la celda A1, una constante de 3 y la celda A8.

14. La función RESIDUO:

a) Calcula el interés residual de un préstamo.
b) Devuelve el resto de una división.
c) Calcula la parte entera de una división.
d) No es una función correcta; sería RESTO.

15. La función" =REDONDEAR (B3 ; -2)", teniendo en B3 el valor "14,14":

a) Dará un error como resultado.
b) Redondea el valor B3 al valor más cercano a "-2".
c) Redondea el valor B3 y le resta "2".
d) Devuelve como resultado 0.

16. Un gráfico en Excel 2021 puede llegar a tener:

a) Eje X.
b) Eje X, Eje Y.
c) Eje X, Eje Y, Eje Z.
d) Eje X y Eje Z.

17. Si tenemos los siguientes valores en las celdas

A1 =10
A2=5
A3=2

**¿Qué resultado dará la siguiente fórmula
=Y(promedio(A1;A2)<A3;A1<A2) ?**

a) VERDADERO
b) FALSO.

c) 10.
d) 2,5

18. Si en los rótulos de la lista aparecen botones de lista desplegable es porque:

a) Se ha realizado una ordenación personalizada.
b) Se ha realizado un Filtrado.
c) Se ha realizado un Subtotal.
d) Se ha realizado un Filtro Avanzado.

19. Los datos de una lista de una hoja de cálculo se ordenan:

a) Alfabéticamente.
b) Personalizadamente.
c) Puede ser Alfabéticamente o Personalizadamente.
d) Por la fila de las celdas afectadas.

20. El área de trazado de un gráfico:

a) Es el área total ocupada por el gráfico.
b) Es el área que ocupa la representación de las series de datos.
c) Es el área que ocupan el título y la leyenda del gráfico.
d) Es el área que ocupa la leyenda y los rótulos de datos.

21. En un ejercicio de consolidación de diferentes hojas en varios libros, ¿cuál de los siguientes comentarios es verdadero?

a) El tamaño de los rangos usados tiene que ser el mismo.
b) No pueden usarse rangos de diferentes libros.
c) Ambas son verdaderas.
d) Ambas son falsas.

22. En el asistente para convertir texto en columnas, ¿cuál no es un separador válido?

a) Tabulación.
b) Coma.
c) Punto.
d) Punto y coma.

23. En notación científica de Excel 2021 el valor "1E3" significa:

a) 1 por 10 elevado a 3.
b) 1 por 10 logaritmo de 3.

c) 1 por 10 logaritmo neperiano de 3.
d) Ninguna es correcta.

24. La combinación en Excel 2021 para insertar una hoja de cálculo nueva es:

a) MAYUS + N
b) MAYUS + H
c) MAYUS + W
d) Ninguna es correcta.

25. Los argumentos de una función de Excel 2021 se separan por:

a) Punto.
b) Coma.
c) Punto y Coma.
d) Signo +.

26. Los argumentos de una función en Excel 2021 pueden ser:

a) Solamente números, texto y rangos.
b) Entre otras cosas valores lógicos.
c) Entre otras cosas paréntesis.
d) Ninguna es correcta.

27. La función "=ABS(4*-2)" en Excel 2021 dará como resultado:

a) Error #N/A
b) 8
c) Error #!VAL¡
d) -8

28. Si la función REDONDEAR de Excel 2021 tiene como argumento de decimales "0":

a) Redondea al número entero más próximo.
b) Redondea al número entero de nivel inferior.
c) Redondea al número entero de nivel superior.
d) Ninguna es correcta.

29. ¿Cuál no es un elemento de un gráfico en Excel 2021?

a) Leyenda.
b) Eje de coordenadas.
c) Eje de valores.
d) Serie de datos.

30. En un formato de una celda de Excel 2021, ¿qué significa un símbolo "#"?

a) Que ese espacio será ocupado por un número.
b) Una posición decimal.
c) Una posición entera.
d) Que ese espacio será ocupado por un carácter.

Solución al test n.º 3

1. a) Revisar.

2. c) Numéricos, de texto, horas y fechas.

3. d) El valor no cabe en la anchura de la celda.

4. d) Es un valor configurable.

5. c) El botón de lista *Formato*.

6. a) Cuando estás en una hoja distinta.

7. c) Definir la orientación.

8. b) 400 %.

9. c) Entre el borde superior y el margen superior.

10. c) Error de celda.

11. a) Fórmulas predefinidas.

12. d) Suma las celdas A1, A8 y la A10.

13. d) Suma la celda A1, una constante de 3 y la celda A8.

14. b) Devuelve el resto de una división.

15. d) Devuelve como resultado 0.

16. c) Eje X, Eje Y, Eje Z.

17. b) FALSO.

18. b) Se ha realizado un Filtrado.

19. c) Puede ser Alfabéticamente o Personalizadamente.

20. b) Es el área que ocupa la representación de las series de datos.

21. d) Ambas son falsas.

22. c) Punto.

23. a) 1 por 10 elevado a 3.

24. d) Ninguna es correcta.

25. c) Punto y Coma.

26. b) Entre otras cosas valores lógicos.

27. b) 8.

28. a) Redondea al número entero más próximo.

29. b) Eje de coordenadas.

30. a) Que ese espacio será ocupado por un número

TEST N.º 4

Bases de datos: conceptos fundamentales. Microsoft Access 2021: fundamentos; tablas; consultas; formularios; informes; imprimir; cintas de opciones

1. En un informe de Access, ¿cuál de las siguientes opciones podemos realizar?

a) Modificar y actualizar datos de las tablas.
b) Insertar y eliminar datos de las tablas.
c) Presentar, organizar y actualizar los datos de las tablas.
d) Presentar y organizar los datos de las tablas.

2. ¿Cuál no es un tipo de dato en el Access 2021?

a) Calculado.
b) Hipervínculo.
c) Número Grande.
d) Autonumérico.

3. En un informe tabular se muestran los campos:

a) En una fila horizontal con etiquetas de campo en la parte superior del informe.
b) En una fila horizontal con etiquetas de campo en la parte inferior del informe.
c) En una fila horizontal con etiquetas de campo en la parte central del informe.
d) En una columna vertical con etiquetas de campo en la parte central del informe.

4. Un formulario en Columnas muestra:

a) Cada registro se muestra en una página distinta, con los datos distribuidos en columnas.
b) Cada registro se muestra en una página distinta, con los datos distribuidos en Hojas de datos.
c) Cada registro se muestra en una página distinta, con los datos tabulados.
d) Los datos en forma de tabla, cada registro en una fila, unos debajo de otros.

5. La fila "O" de las consultas se denomina:

a) Fila de criterios.
b) Fila de condiciones.
c) Fila de criterios o Fila de condiciones.
d) Fila de excepciones.

6. ¿Cuál de las siguientes opciones no es una de las características de las consultas de acción?

a) Crear una tabla.
b) Crear subtotales con los datos.
c) Eliminar datos.
d) Actualizar datos.

7. Al modificar relaciones Uno a Varios podemos:

a) Actualizar y eliminar en cascada campos relacionados.
b) Solo actualizar en cascada campos relacionados.
c) Solo eliminar en cascada campos relacionados.
d) Actualizar y eliminar en cascada datos de campos.

8. La integridad referencial es:

a) Un conjunto de relaciones.
b) Un conjunto de valores no nulos.
c) Un conjunto de campos relacionados.
d) Un conjunto de reglas.

9. En el tipo de relación "Uno a Varios":

a) Cada registro de la tabla principal tiene más de un registro enlazado en la tabla relacionada.
b) Cada registro de la tabla principal puede tener más de un registro enlazado en la tabla relacionada.
c) Cada registro de la tabla relacionada tiene más de un registro enlazado en la tabla principal.
d) Cada registro de la tabla principal puede tener más de un registro enlazado en la tabla principal.

10. ¿Puede tener una tabla dos campos con el mismo nombre en Access 2021?

a) Solo si son de tipos de datos diferentes.
b) Solo si uno de ellos es clave primaria.

c) Solo si uno de ellos es clave secundaria de otra tabla de referencia.
d) No se puede en ningún caso.

11. Los nombres de los campos de Access tienen una longitud máxima de:

a) 128 caracteres.
b) 64 caracteres.
c) 256 caracteres.
d) 32 caracteres.

12. ¿Cuál de los siguientes pares no es un valor posible para los campos de tipo Sí / No?

a) Verdadero / Falso.
b) Activado / Desactivado.
c) Sí / No.
d) True / False.

13. En Access, ¿cuál de los siguientes nombres de campo es válido?

a) direccion[web]
b) precio.$
c) 1_id_moneda€
d) oferta!

14. En un campo de tipo "Fecha/Hora", ¿cuál de los siguientes no existe en Access 2021?

a) Fecha General.
b) Hora Larga.
c) Fecha Mediana.
d) Hora Completa.

15. En Access tenemos dos tablas: "Datos Albarán" y "Líneas Albarán". En Datos Albarán está la información relativa a cada albarán y en Líneas Albarán cada línea de los elementos del albarán. Siempre que se hace un pedido se emite un albarán aunque un albarán puede incluir también varios elementos. ¿Cuál de las siguientes relaciones es la que mantiene Datos albarán con Líneas albarán?

a) Varios a Varios.
b) Varios a Uno.
c) Uno a Varios.
d) Uno a Uno.

16. En Access, creamos una consulta para eliminar de la tabla de Productos aquellos registros cuyo valor en el campo activo sea igual a NO. ¿Cuál de los siguientes tipos de consulta deberemos utilizar?

a) Consulta de creación de tabla.
b) Consulta de selección.
c) Consulta de actualización.
d) Consulta de eliminación.

17. ¿Se puede usar un campo Número para almacenar un código postal en una tabla de Access 2021?

a) No es algo aconsejable pero sí se puede.
b) No se puede.
c) Se puede si es un campo vinculado con otra tabla.
d) Ninguna es correcta.

18. Un campo que contenga los apellidos de un cliente ¿puede ser clave principal de una tabla en Access 2021?

a) Depende de los valores de los apellidos.
b) Depende de los tipos de cliente.
c) Sí.
d) Sí, pero solo si existe integridad referencial.

19. Las siglas del lenguaje SQL de Access 2021 significan:

a) *Standard Query Language.*
b) *Structured Query Language.*
c) *Symbol Query Language.*
d) Ninguna es correcta.

20. ¿Cuál es una opción válida para importar datos desde Excel a Access 2021?

a) Importar el origen de datos a una nueva tabla.
b) Agregar el origen de datos a una tabla existente.
c) Vincular el origen de datos en una nueva tabla vinculada.
d) Todas son correctas.

Solución al test n.º 4

1. d) Presentar y organizar los datos de las tablas.

2. d) Autonumérico.

3. a) En una fila horizontal con etiquetas de campo en la parte superior del informe.

4. a) Cada registro se muestra en una página distinta, con los datos distribuidos en columnas.

5. c) Fila de criterios o Fila de condiciones.

6. b) Crear subtotales con los datos.

7. a) Actualizar y eliminar en cascada campos relacionados.

8. d) Un conjunto de reglas.

9. b) Cada registro de la tabla principal puede tener más de un registro enlazado en la tabla relacionada.

10. d) No se puede en ningún caso.

11. b) 64 caracteres.

12. c) Sí / No.

13. c) 1_id_moneda€

14. d) Hora Completa.

15. c) Uno a Varios.

16. d) Consulta de eliminación.

17. a) No es algo aconsejable pero sí se puede.

18. c) Sí.

19. b) *Structured Query Language.*

20. d) Todas son correctas.

Cómo acceder al Curso
Administrativo/a
Test del temario

El uso de los códigos **es exclusivo de los compradores de los productos de Editorial MAD**. Cada producto posee un código único y de un solo uso. Es personal e intransferible y da acceso a servicios y contenidos adicionales. Editorial MAD se reserva el derecho de hacer cuantas comprobaciones sean necesarias para identificar al legítimo poseedor del código y dejar de dar servicio a quien haga uso fraudulento del mismo, además de emprender cuantas acciones legales estime oportunas según la legislación vigente.

Deberás acceder a:

mad.es/registro-campus

Si una vez aceptadas las condiciones de uso del Campus decides hacer uso del mismo, necesitarás del siguiente código de acceso junto con los códigos del resto de títulos que se exigen (si fuera el caso):

X5BNAQYKDZ